# Dieta A Base De Plantas Para Atletas Y culturistas

## 2 Libros en 1

El libro de dietas de culturismo vegano completo para impulsar su entrenamiento, el crecimiento muscular y la recuperación de su cuerpo

Por

Joshua King

Copyright 2021 by - Todos los derechos reservados.

Este documento está orientado a proporcionar información exacta y fiable en relación con el tema y la cuestión tratados. La publicación se vende con la idea de que el editor no está obligado a prestar servicios de contabilidad, oficialmente permitidos, o de otra manera, calificados. En caso de ser necesario un asesoramiento, legal o profesional, se debe solicitar a una persona con experiencia en la profesión.

- De una Declaración de Principios que fue aceptada y aprobada por igual por un Comité de la American Bar Association y un Comité de Editores y Asociaciones.

En ningún caso es legal la reproducción, duplicación o transmisión de cualquier parte de este documento, ya sea por medios electrónicos o en formato impreso. La grabación de esta publicación está estrictamente prohibida y no se permite el almacenamiento de este documento a menos que se cuente con la autorización por escrito del editor. Todos los derechos reservados.

La información proporcionada en este documento se declara veraz y coherente, por lo que cualquier responsabilidad, en términos de falta de atención o de otro tipo, por cualquier uso o abuso de cualquier política, proceso o instrucciones contenidas en el mismo, es responsabilidad única y absoluta del lector receptor. Bajo ninguna circunstancia se podrá responsabilizar o culpar al editor por cualquier reparación, daño o pérdida monetaria debida a la información aquí contenida, ya sea directa o indirectamente.

Los autores respectivos son propietarios de todos los derechos de autor que no están en manos del editor.

La información contenida en este documento se ofrece únicamente con fines informativos, y es universal como tal. La presentación de la información es sin contrato ni ningún tipo de garantía.

Las marcas comerciales que se utilizan son sin ningún tipo de consentimiento, y la publicación de la marca comercial es sin el permiso o el respaldo del propietario de la marca. Todas las marcas registradas y marcas dentro de este libro son sólo para fines de aclaración y son la propiedad de los propios propietarios, no afiliados a este documento.

# Table of Contents

## Libro de cocina rico en proteínas a base de plantas

**INTRODUCCIÓN** ............................................................................................. 13

**LO BÁSICO DE LA DIETA BASADA EN PLANTAS** ........................................ 16

**DE QUÉ SE TRATA EL VEGANISMO** ............................................................. 18

**PRINCIPIOS DE LA DIETA DE CULTURISMO** ............................................... 20

**GANANCIA DE MÚSCULO Y VEGANISMO** ................................................... 26

    BENEFICIOS POTENCIALES DE LA DIETA VEGANA DE CULTURISMO ............ 27

**DIETA VEGETAL PARA LA SALUD** ................................................................ 29

**RECETAS DIARIAS RICAS EN PROTEÍNAS** ................................................. 31

    AGUACATES RELLENOS ............................................................................ 31
    BONIATOS RELLENOS ............................................................................... 32
    COLIFLOR CON GUISANTES ...................................................................... 34
    HAMBURGUESAS CON SALSA DE CHAMPIÑONES ...................................... 36
    PAN DE ARROZ Y LENTEJAS ..................................................................... 39
    GARBANZOS CON ACELGAS ..................................................................... 41
    FRIJOLES NEGROS PICANTES ................................................................... 43
    SOPA DE JUDÍAS MIXTAS ......................................................................... 44
    GUISO DE CEBADA Y LENTEJAS ............................................................... 46

**RECETAS DE DESAYUNOS Y BATIDOS** ....................................................... 49

    MUFFIN DE ZANAHORIAS Y PASAS ............................................................ 49
    TACOS VEGANOS FÁCILES ....................................................................... 50
    GACHAS DE AVENA Y MACA EN POLVO .................................................... 51
    TORTITAS SALADAS DE PATATA Y CÚRCUMA ............................................ 52
    CARNE VEGANA ....................................................................................... 53
    SPREAD EDAMAME AGRIO ........................................................................ 55
    TORTILLA DE TOFU DE RESISTENCIA ....................................................... 55
    BATIDO DE QUARK VEGANO SUPERELAN ................................................ 56
    PAN DE DESAYUNO DE BONIATO Y NARANJA ........................................... 57
    EL PODER DEL BATIDO DE PLÁTANO Y SOJA ........................................... 59
    PAN VEGANO DE PEREJIL Y ALMENDRAS ................................................. 60

Sloppy Joe vegano con tofu .................................................................................... 61
Batido gigante superverde vegano ......................................................................... 62
Tostadas dulces veganas ......................................................................................... 63
Bebida proteica de espinacas y arándanos ............................................................. 65
Batido de café Pick Me Up ..................................................................................... 65
Batido vegano de fresa ............................................................................................ 66

## RECETAS PARA EL ALMUERZO ........................................................................... 72

Increíble plato de patatas ........................................................................................ 72
Delicia de batatas y lentejas con textura ................................................................ 73
Pizza increíblemente sabrosa ................................................................................. 74
Sopa de alubias ricas ............................................................................................... 77
Deliciosas alubias al horno ..................................................................................... 77
Lentejas indias ......................................................................................................... 79
Deliciosa sopa de calabaza ..................................................................................... 80
Increíble guiso de setas .......................................................................................... 82
Plato sencillo de tofu ............................................................................................... 83
Especial Jambalaya ................................................................................................. 84
Deliciosa sopa de acelgas ....................................................................................... 86
Tofu chino y verduras ............................................................................................. 87
Maravillosa sopa de maíz ....................................................................................... 89
Guiso de guisantes negros ...................................................................................... 91
Cassoulet de judías blancas .................................................................................... 92
Plato ligero de jaca ................................................................................................. 94
Curry vegetariano ................................................................................................... 95

## HAMBURGUESAS Y BOCADILLOS ....................................................................... 98

Sándwich de garbanzos picantes ............................................................................ 98
Sándwich de tofu picante al horno ......................................................................... 99
Hamburguesas de lentejas ..................................................................................... 102
Dulce hamburguesa hawaiana ............................................................................... 103
Hamburguesas de tofu y vegetales ....................................................................... 105
Hamburguesas de trigo sarraceno ......................................................................... 107

## RECETAS PARA LA CENA ..................................................................................... 111

Tofu al curry verde ................................................................................................. 111
Guiso proteico de cacahuetes africano ................................................................. 113
Ensalada tailandesa de fideos de calabacín .......................................................... 115

| | |
|---|---|
| Estofado de guisantes y coliflor | 116 |
| Chili de judías negras y calabaza | 118 |
| Sopa de Tofu Matcha | 120 |
| Sopa de boniato y tomate | 122 |
| Sándwich de tofu picante al horno | 124 |
| Salteado de verduras | 126 |
| Sopa cremosa de tomate y lentejas | 128 |
| Chili Carne | 129 |
| Guiso de lentejas mexicano | 131 |
| Pastel de carne con lentejas | 133 |
| Sopa de judías negras | 135 |
| Pasta con setas | 137 |
| Pasta Alfredo al limón | 138 |

## POSTRES Y APERITIVOS .................................................................... 141

| | |
|---|---|
| Barras de pan de plátano y nueces | 141 |
| Rollos de limón, coco y cilantro | 142 |
| Almendras al tamari | 143 |
| Bocados de tacos de tempeh | 144 |
| Croustades de setas | 146 |
| Tomates cherry rellenos | 147 |
| Dip picante de judías negras | 148 |
| Hojas de pasta de cebolla francesa | 149 |
| Tostadas de anacardos y pimientos rojos asados con queso | 150 |
| Patatas fritas al horno | 152 |
| Champiñones rellenos de espinacas y nueces | 153 |
| Salsa Fresca | 155 |
| Pinwheels de humus de verduras | 157 |
| Rollos de lechuga asiáticos | 157 |
| Bolas de fuego de pinto-pecano | 158 |

## RECETAS PARA ANTES DEL ENTRENAMIENTO ............................................... 161

| | |
|---|---|
| Chili vegano | 161 |
| Tazones de comida de boniato | 163 |
| Tazones de setas marinadas con arroz salvaje y lentejas | 164 |
| Tazón de granos Chirashi | 167 |
| Wraps de tofu con champiñones y espinacas | 168 |
| Hamburguesas de setas y nueces | 169 |

- Tempeh vegano saludable .................................................................................. 171
- Pesto de brócoli con pasta y tomates cherry ..................................................... 174
- Carne sin carne de Mongolia ............................................................................. 175
- Sopa de lentejas mexicana ................................................................................. 178

## RECETAS PARA DESPUÉS DEL ENTRENAMIENTO .......................................... 181
- Tazón de proteínas de farro ............................................................................... 181
- Tofu Teriyaki con Quinoa .................................................................................. 182
- Tazón de Buda .................................................................................................... 184
- Tofu chino y brócoli ........................................................................................... 187
- Tempeh de mantequilla de cacahuete con arroz ............................................... 188
- Ensalada de soja y lentejas de Puy .................................................................... 190
- Salteado de tofu y verduras con anacardos ...................................................... 192
- Tofu con costra de especias y ensalada ............................................................. 193
- Germinados con judías verdes y nueces ........................................................... 194
- Tofu con fideos ................................................................................................... 195
- Salteado de judías negras y seitán ..................................................................... 197

## CONCLUSIÓN: ....................................................................................................... 200

# Libro de cocina a base de plantas para deportistas

## INTRODUCCIÓN .................................................................................................... 207

## CHAPTER 1. ¿QUÉ ES UNA DIETA BASADA EN PLANTAS? ........................ 211
- Historia de la dieta basada en plantas ............................................................... 212

## CHAPTER 2. ¿CUÁLES SON LOS BENEFICIOS DE UNA DIETA BASADA EN PLANTAS? ..214

## CHAPTER 3. DIETA VEGANA FRENTE A LA VEGETAL ............................... 224
- Beneficios de la dieta vegana ............................................................................. 224

## CHAPTER 4. NUTRICIÓN VEGETAL PARA EL DEPORTE ............................ 227
- Carbohidratos y grasas: qué son y cómo afectan al rendimiento ..................... 227
- El potencial de las proteínas: por qué son cruciales para los atletas ............... 229
- Besties a base de plantas - Las fuentes de proteínas para un máximo impacto ... 231

## CHAPTER 5. LOS INCREÍBLES BENEFICIOS PARA LA SALUD .................. 241

## CHAPTER 6. CÓMO CREAR UN HÁBITO ALIMENTICIO SALUDABLE BASADO EN PLANTAS    251

Construir una red de apoyo ........................................................................................... 253

# CHAPTER 7.  PLAN DE COMIDAS A BASE DE PLANTAS PARA PERDER PESO ............... 254

# CHAPTER 8.  DESAYUNOS PARA MOTIVAR Y ENERGIZAR SU CUERPO ......................... 258

¿Por qué es importante? ............................................................................................ 258

# CHAPTER 9.  ALIMENTOS QUE HAY QUE COMER Y EVITAR ............................................. 264

Alimentos para comer ................................................................................................ 265

Alimentos que hay que evitar .................................................................................... 267

# CHAPTER 10.  RECETAS PARA EL DESAYUNO ................................................................... 269

Sorprendente granola de almendras y plátano ......................................................... 269

Polenta perfecta con una dosis de arándanos y peras ............................................. 271

Tocino de Tempeh ahumado a la perfección ............................................................. 272

Deliciosa quiche de coliflor y garbanzos ................................................................... 274

Sabroso pastel de avena y zanahoria ........................................................................ 276

Tarta de cebolla y champiñones con una buena corteza de arroz integral ............. 278

Sabrosas magdalenas de avena ................................................................................. 281

Tortilla con harina de garbanzos ................................................................................ 283

Un brindis para recordar ............................................................................................ 285

Panini sabroso ............................................................................................................ 287

Increíble batido de arándanos ................................................................................... 287

# CHAPTER 11.  RECETAS PARA EL ALMUERZO ................................................................... 289

Boniatos rellenos ........................................................................................................ 289

Macarrones con queso veganos ................................................................................ 290

Tempeh satay con arroz de coliflor ............................................................................ 292

Quesadillas de boniato .............................................................................................. 293

Tofu picante a la parrilla con verduras de Szechuan ................................................ 295

Fajitas veganas ........................................................................................................... 296

Pizza increíblemente sabrosa .................................................................................... 298

Sopa de alubias ricas ................................................................................................. 300

Deliciosas alubias al horno ........................................................................................ 301

Lentejas indias ........................................................................................................... 301

Deliciosa sopa de calabaza ....................................................................................... 303

# CHAPTER 12.  RECETAS PARA LA CENA ............................................................................. 305

Sopa de judías negras y verduras .............................................................................. 305

Pinchos de verduras y tofu ........................................................................................ 308

- Pasta Alfredo Fettuccine vegana ... 311
- Pasta de espinacas con salsa de pesto ... 313
- Sloppy Joes sin carne ... 315
- Calabaza de bellota rellena de verduras y arroz salvaje ... 317
- Pavo y muslos de tofu ... 320

## CHAPTER 13. RECETAS DE APERITIVOS Y ENSALADAS ... 323

- Barras energéticas ... 323
- Magdalenas veganas ... 325
- Bolas de cacao y nueces ... 326
- Bolas energéticas de avena y almendra ... 327
- Garbanzos picantes ... 328
- Copas de mantequilla de cacahuete ... 329
- Ensalada de pasta con ensalada de col ... 329
- Ensalada de maíz y aguacate ... 330
- Ensalada de cuscús con garbanzos ... 331
- Ensalada de judías blancas y negras ... 333
- Quinoa con manzana y col rizada ... 334

## CHAPTER 14. RECETAS DE BATIDOS ... 336

- Batido de proteínas con verduras y chocolate ... 336
- Batido de chocolate y judías negras ... 336
- Batido de proteínas con mantequilla de cacahuete ... 337
- Batido de mantequilla de cacahuete, gelatina y dátiles ... 338
- Batido de bayas y avena ... 339
- Batido proteico de vainilla y clementina ... 340

## CHAPTER 15. NO SE OLVIDE DE HACER EJERCICIO ... 342

- Consejos para mantener la motivación ... 345
- Los beneficios del ejercicio físico ... 347

## CONCLUSIÓN: ... 352

# Libro de cocina rico en proteínas a base de plantas

Un libro de cocina vegano completo con recetas rápidas y fáciles de alto contenido de proteínas para culturistas

Por

Joshua King

# Introducción

¿Qué significa ser atleta, culturista o cualquier otro profesional del deporte? Se trata de hacer de tu estilo de vida activo el centro de tu carrera. Se trata de esforzarse más y más. Se trata de redefinir tus límites. En resumen, tu éxito depende de cómo cocinas, qué comes, cómo entrenas y todo lo demás. Comprende que lo que eres se define por lo que haces. Los deportistas tienen el mismo número de horas al día que los demás.

Sin embargo, eso no es suficiente. Tienen que aprovechar al máximo cada minuto para mantenerse en la cima del juego. Hay que sacar tiempo para hacer tres comidas al día y tomar un tentempié antes y después del entrenamiento. Hay que hacer ejercicio para mantenerse en forma y controlar el peso. Hay horas de entrenamiento. Algunos partidos conducen a competiciones, torneos y campeonatos.

Necesitarás tiempo para que tus músculos se recuperen. Y lo que es más importante, necesitarás una buena noche de sueño. Esto es esencial para la salud general y el bienestar.

¿Cómo puede un entusiasta del fitness compaginarlo todo? Necesitará autodisciplina. Necesitará trabajar duro. Pero, ¿qué tiene que ver eso con la dieta?

Hay un dicho que dice: "Somos lo que comemos". Eso significa que una nutrición adecuada es crucial para ser un buen atleta. ¿Qué alimentos hacen a los individuos más fuertes y sanos? Las dietas basadas en plantas pueden proporcionar a un profesional del deporte todas las proteínas, carbohidratos y grasas monosaturadas que necesita para alcanzar su máximo potencial. Esto se debe a que las frutas y verduras, las legumbres, los frutos secos y las semillas son ricos en nutrientes, vitaminas, minerales y aminoácidos. Cada vez son más los atletas que adoptan el veganismo y llevan su mejor vida. Esto se debe a que, después de comer proteínas que provienen de plantas, los profesionales del deporte dicen que se sienten con más energía y más sanos emocional, física y mentalmente. Leeremos más sobre esto más adelante.

Este libro hace algo más que promover un estilo de vida vegano. También le guiará en la elección de alimentos más saludables. Las recetas a base de plantas que se presentan aquí son ricas en proteínas. Tienen un gran sabor y le harán sentirse lleno. Además, aprenderá por qué es esencial hacer tres comidas al día y cuál es el mejor momento para hacerlas. Las recetas también proporcionan información sobre algunos de sus ingredientes principales. Esto se debe a que es bueno saber lo que estamos metiendo en nuestro cuerpo. Esperamos que, con esta información adicional, esté seguro de que una dieta basada en plantas garantizará una funcionalidad óptima para su cuerpo y su cerebro.

Las personas que hacen dieta y las que intentan perder peso no son las únicas que se ven afectadas por un nuevo tipo de dieta que llega cada año. Con tantas sugerencias como bajo en grasas, bajo en carbohidratos, sin gluten, etc., no puedes decidir si necesitas centrarte sólo en las proteínas o en un plan de dieta completamente nuevo.

Entiendo tu problema; yo estuve en tu lugar una vez. Como siempre estaba cambiando mi dieta, era difícil obtener resultados duraderos. Pasaban meses antes de que pudiera ver cómo se formaban nuevos músculos. El problema era que mi cuerpo se confundía y no sabía cómo configurarse para tomar los nutrientes y proteínas esenciales que necesitaba para mantenerse sano y seguir construyendo músculos.

# Lo básico de la dieta basada en plantas

Una dieta basada en plantas es ampliamente conocida por sus evidentes ventajas para la salud, y ha sido probada por personas de todos los ámbitos. Al ser una dieta sin carne ni productos lácteos, hay quienes asumen que es una dieta baja en proteínas, y ahí es donde la mayoría se equivoca. Una dieta basada en plantas puede ser una dieta alta en proteínas cuando se consume con el enfoque y la comprensión adecuados. Esta conciencia es importante para las personas que construyen sus músculos o que se dedican a actividades deportivas, ya que son las que más necesitan las proteínas para el fortalecimiento de sus músculos. En este libro de cocina, no sólo hablaremos de la dieta basada en plantas, sino que está escrito con el propósito de proporcionar una dieta alta en proteínas a los culturistas y atletas veganos. Hay varias fuentes de origen vegetal que pueden combinarse con algunos suplementos de origen vegetal para satisfacer las necesidades diarias de proteínas de una persona.

Para empezar, vamos a tener una visión clara de la dieta basada en plantas. Esta dieta, aunque muy popular, se confunde a menudo con una dieta vegetariana. El concepto es evitar todos los productos alimenticios de origen animal y depender completamente de los productos vegetales. Las razones pueden variar según cada persona. Algunos pueden optar por una dieta basada en plantas por sus beneficios para la salud; otros pueden querer adoptarla para salvar a los animales, mientras que otros pocos pueden hacerlo por ambas razones.

¿Qué constituye una dieta basada en plantas? Por alimentos de origen vegetal entendemos toda la variedad de verduras, frutas, cereales, legumbres, lentejas, aceites vegetales, semillas, frutos secos, leche vegetal, harinas de cereales y quesos y leche veganos. Estos productos -o los alimentos preparados exclusivamente con ellos- se denominan veganos o de origen vegetal. En esta lista, encontramos que ni un solo ingrediente es puramente proteico. Aunque la proteína está presente en gran medida en la mayoría de los productos de origen vegetal, también se combina con otros macro y micronutrientes. Para los atletas y culturistas, la preocupación es cómo consumir estos productos equilibrando la proporción de estos nutrientes en beneficio de su desarrollo muscular. Y esa preocupación nos lleva a la dieta vegana de culturismo basada en plantas.

# De qué se trata el veganismo

Mucha gente lo está haciendo; muchos individuos están hablando de ello, sin embargo, todavía hay mucha confusión acerca de lo que implica un plan de dieta integral basada en plantas. Desde que dividimos los alimentos en sus macronutrientes: grasas, proteínas y carbohidratos; muchos de nosotros nos confundimos sobre cómo comer.

Los alimentos integrales son alimentos no procesados que provienen de la tierra. Ahora bien, en una dieta de alimentos integrales basada en plantas consumimos algunos alimentos mínimamente procesados, como el pan integral, la pasta integral, el tofu, la leche no láctea y algunos frutos secos y mantequilla de semillas de las distintas categorías: Granos enteros Legumbres (generalmente lentejas y frijoles).

Frutas y verduras Frutos secos y semillas (incluida la mantequilla de frutos secos) Hierbas y especias Todas las clasificaciones mencionadas anteriormente conforman la totalidad de la dieta basada en plantas. Mientras comas alimentos como estos con regularidad, puedes olvidarte de los carbohidratos, las proteínas y las grasas de forma permanente.

Bueno, el atractivo de un plan de dieta basada en alimentos integrales de origen vegetal es que si no te gusta un alimento en particular, como en este caso, la soja, entonces no tienes que consumirlo. No es un elemento esencial en una dieta basada en plantas de alimentos enteros en lugar de la avena, la quinua en lugar del trigo; estoy seguro de que ahora captas la idea. No importa. Simplemente descubra algo que se adapte a usted.

Incluso si ha decidido adoptar un plan de dieta basado en plantas, esto no indica que sea un plan de dieta saludable. Las dietas basadas en plantas tienen su parte justa de chatarra y otros alimentos poco saludables; caso y punto, la ingesta rutinaria de pizzas vegetales y helados no lácteos. Mantenerse saludable requiere que usted coma alimentos saludables - incluso dentro de un plan de dieta basada en plantas.

Qué hay que tener en cuenta al adoptar este estilo de vida

Para muchas personas que desean adoptar una alimentación basada en plantas, las proteínas son siempre una preocupación importante. Los medios de comunicación dominantes, respaldados por los grandes fabricantes de carne, perpetúan la idea de que las proteínas sólo se encuentran en la carne. Pues bien, eso no es cierto. Los alimentos básicos como las nueces, los frijoles, la avena y el arroz salvaje incluyen una gran cantidad de proteínas.

El hecho es que alimentos como la col rizada, el brócoli y las almendras incluyen mucho calcio. Sin duda, proviene de las verduras que se comen.

El principal problema para muchos seguidores del plan de dieta basada en plantas es normalmente la vitamina B12. B12, para todos, se encuentra normalmente en los productos reforzados, en particular los cereales y la leche a base de plantas.

Puedes adoptar un estilo de vida saludable basado en las plantas si basas tu dieta en alimentos preparados y crudos llenos de verduras de hoja y color. Éstos proporcionarán a tu cuerpo los minerales, vitaminas y antioxidantes que necesita.

# Principios de la dieta de culturismo

El culturismo se clasifica en tres componentes. Dentro de los tres, son pasos detallados en la adquisición de éxito en un físico fenomenal.

Paso 1 : Dieta y nutrición

El culturismo es un 80% de dieta y un 20% de levantamiento de pesas. Sí, es cierto. Lo que ingieras, dará lugar al resultado de tu bienestar físico. Hay muchos mitos y anuncios que hacen hincapié en las bebidas proteicas, la creatina, el pre-entrenamiento, etc,. La verdad es que ninguno de ellos es necesario para adquirir músculo y masa. Definitivamente ayudan, pero como he explicado no son necesarios. Puedes obtener toda tu energía, recuperación y masa de los tipos de alimentos adecuados. De hecho, todos esos suplementos que la mayoría de los culturistas consumen, en realidad están dañando su cuerpo.

Carbohidratos

Los hidratos de carbono son un alimento importante que genera energía. Se dividen en tres categorías principales: azúcares, almidones y fibra. La mayoría de los carbohidratos de la dieta se convierten en glucosa, que proporciona energía. También se convierten en grasas, que se guardan para su uso posterior. Comer carbohidratos por la mañana te dará la energía necesaria para afrontar el día y te dará fuerza a la hora de entrenar. El objetivo es mantener un equilibrio en la ingesta de carbohidratos. Distinguir entre los carbohidratos buenos y los malos es vital para tu energía y el crecimiento muscular.

Vitaminas

Las vitaminas también son muy importantes en el culturismo y simplemente para cuidar la salud. Desde la formación de dientes y huesos sanos, hasta el mantenimiento de la función cerebral, hay muchos tipos de vitaminas que ayudan al culturismo y a la recuperación.

## Calcio

No sólo ayuda a fortalecer los huesos y los dientes, sino que es esencial para el metabolismo energético.

Los alimentos que contienen calcio son las almendras, el queso, las semillas y los yogures.

## Biotina

Convierte los carbohidratos, las proteínas y las grasas en energía.

Los alimentos que contienen biotina son la mantequilla de cacahuete, los huevos, las almendras y la avena.

## Hierro

El hierro transforma el oxígeno de los pulmones a los músculos y es vital para mantener los niveles de energía al máximo

Los alimentos que contienen hierro son los cereales de salvado, las judías, las sardinas, el tofu, las espinacas y el pan integral.

## Vitamina C

Ayuda a convertir los carbohidratos en combustible y energía.

Los alimentos que contienen vitamina C son el brócoli, los pimientos verdes y rojos, las coles de Bruselas, la coliflor y las espinacas.

## Vitamina D

Ayuda a absorber el calcio, que es esencial para las contracciones musculares.

Los alimentos que contienen vitamina D son los huevos, la carne, la leche, el salmón y pescados como las sardinas.

Vitamina B12

La vitamina B12 contribuye a la formación de glóbulos rojos y convierte los alimentos en energía. También ayuda al cerebro y a los músculos a comunicarse eficazmente, lo que da lugar a la coordinación y al crecimiento muscular.

Los alimentos que contienen vitamina B12 son los huevos, la carne, la leche y el queso.

Cobre

El cobre ayuda a fortalecer los tendones necesarios para levantar pesos.

Los alimentos que contienen cobre son los cacahuetes, los cangrejos y las langostas, las semillas y el chocolate negro.

### Proteína

Las proteínas deben constituir aproximadamente la mitad de su programa de alimentación. Ayuda a que el oxígeno fluya por el cuerpo, así como a construir y reparar los tejidos musculares. Las proteínas, cuando se combinan con un entrenamiento intenso, ayudan a la gente a añadir masa muscular o simplemente a mantenerla. Se utilizan esencialmente para recuperarse de un entrenamiento. Las proteínas en polvo son muy populares entre los culturistas, ya que son fácilmente accesibles y ayudan al crecimiento de los músculos.

Estas tres nutriciones, cuando se combinan con su levantamiento de pesas, traerán resultados significativos. Como su cuerpo tiene todos los atributos que estos alimentos y dietas tienen, es necesario tomar en los alimentos que son ricos en hidratos de carbono, vitaminas y proteínas. Especialmente, las proteínas. Usted puede obtener todas las necesidades esenciales para una gran dieta de culturismo de estos alimentos enumerados anteriormente.

Etapa 2 : Plan de formación

Hay muchas maneras de enfocar tu plan de entrenamiento. Una herramienta importante para ponerte en marcha y mantener la constancia es crear un plan. Programe una hora para ir al gimnasio y durante cuánto tiempo. Establecer un plan y un objetivo diario le permitirá ser constante. Determina cuántos días a la semana vas a descansar, ya que el descanso es esencial para el crecimiento. A continuación, cree un plan en el que los grupos musculares se centrarán el día 1, el día 2 y el día 3, y así sucesivamente. Por ejemplo, nada más levantarme, desayuno y me dirijo directamente al gimnasio. Entonces, determino en qué grupo muscular me voy a centrar y me dirijo directamente a la máquina/equipo que son los pesos libres. Los pesos libres son pesas como el press de banca, las mancuernas y las barras.

La mejor manera de enfocar un entrenamiento es empezar con pesos libres. Las pesas libres deben ejercitar el grupo muscular en el que te estás centrando de la forma más grande y dura posible. Una serie de calentamiento debería ser suficiente. Después de unas 5-10 series, pase a otro peso libre para otras 5 series, más o menos. Después de unas 10 - 15 series de peso libre, pase a una máquina con cable que le dé resistencia a su grupo muscular. Después de unos 2 ejercicios para unas 5 -7 series cada uno, trabaje en otro ejercicio que trabaje los grupos musculares pequeños dentro de ese grupo muscular.

Las repeticiones de cada serie deben estar en consonancia con la cantidad de peso que se levante. Cuando se empieza por primera vez, o se vuelve a entrenar después de una larga pausa, es importante formar primero el núcleo del grupo muscular. Empieza con pesos bajos, alrededor del 60% de lo que podrías levantar realmente. El objetivo de las repeticiones debe ser de 20 repeticiones en adelante. Recuerde, esto es sólo la construcción del núcleo del músculo, cuando usted está empezando. Esto traerá resultados significativos en el primer mes de su entrenamiento, tal vez menos. Sam, una persona que estaba entrenando utilizó este método y se sorprendió de lo mucho que mejoró en un mes. Fue capaz de levantar un plato, igual a 135 libras, durante unas 6-7 repeticiones. Usando este método, puso 25 libras en cada lado, equivalente a 95 libras, e hizo 20 repeticiones cada serie durante una semana y media. Al final de la semana y media, fue capaz de hacer 30 repeticiones sin parar. Luego subió a 35lbs en cada lado en la segunda semana igualando en 115bs. Hizo esto durante 2 semanas. Después del primer mes, su press de banca mejoró drásticamente. Estaba a punto de levantar 165lbs, en la máquina de press de banca para 2-3 repeticiones. Fue capaz de levantar una placa (135lbs.) 10-12 repeticiones fácilmente.

No se trata de la cantidad de peso que puedas levantar, sino de la forma y la mejora constante. En 2 meses después de seguir este método, Sam subió sus pesos y ahora pasó a la cantidad regular de pesos y repeticiones. La cantidad regular debe ser el peso capaz de levantar en una repetición de 6-8. Incluso 10 repeticiones estarían bien. En el 6º mes de entrenamiento, Sam ya levantaba mucho peso en una repetición media de 6. Lo he entrenado durante un año. Dentro de ese año, el plan de dieta, el plan de entrenamiento y el plan de descanso que le proporcioné trajo resultados asombrosos.

Este método de entrenamiento es el tipo más básico de culturismo. A medida que se avanza en la mejora de la fuerza, el conocimiento y la resistencia en el camino hacia el éxito en el culturismo, existen diferentes formas de enfocar el entrenamiento. La parte más importante del culturismo es el descanso.

Etapa 3 : Descanso

Si se adopta el enfoque correcto de la dieta y se realizan niveles constantes de entrenamiento con pesas, el cuerpo necesita reponerse y repostar. Es entonces cuando entra en juego el descanso. El crecimiento viene del descanso. Tu cuerpo gana músculo, fuerza y masa, en el periodo de sueño y descanso. Cuando mi padre se entrenaba para sus competiciones de culturismo, entrenaba dos veces al día durante un total de 5 horas. Entre sus entrenamientos, tomaba siestas de fuerza. Las siestas consistían en unos 20-40 minutos de sueño. La sociedad de hoy en día está arraigada al concepto de trabajar duro y no tomarse días libres. Esto le traerá resultados por encima de la media. Tu objetivo es trabajar de forma más inteligente y obtener resultados excepcionales. 2 días a la semana de descanso y 5 días de entrenamiento es un buen método. Sin embargo, el método que yo utilizo me trajo resultados que cambiarán significativamente el físico de una persona. Durante 10 días seguidos, entreno todos los días, y en esos 10 días 4-5 iré dos veces. Una vez por la mañana y otra por la tarde. Tu objetivo es entrenar hasta el punto de que tu grupo muscular esté casi desgarrado. Trabajar vigorosamente, con un entrenamiento de alta intensidad, y luego durante los siguientes 2-3 días descansaría. Esto permitirá que tus músculos crezcan exponencialmente y te dará tiempo para reponer fuerzas. Después, repite el método. Tu objetivo es entrenar hasta el punto en que tus músculos se sientan como si estuvieran casi desgarrados, y luego descansar. El número de días puede variar según el horario de la persona, pero así es como lo hago yo, y me ha funcionado de maravilla. Me gusta añadir algo de cardio, como correr o nadar, a lo largo de los 10 días para mantener mi resistencia y el equilibrio.

El culturismo es un compromiso a largo plazo de consistencia y de lo que una persona está dispuesta a hacer. Cuanto más se esfuerce, mejores serán los resultados. El culturismo te ayuda mentalmente, y es un camino que puede llevarte al éxito, no sólo en tu estado físico, sino en tu trabajo y en tu crecimiento personal.

# Ganancia de músculo y veganismo

Todos los culturistas, independientemente de su sexo, se esfuerzan por construir una musculatura fuerte a través de entrenamientos pesados y ejercicios de resistencia intensos. Y los meros ejercicios no pueden suponer una gran diferencia cuando no hay una buena dieta que apoye los cambios corporales. Los nutrientes desempeñan un papel fundamental en el desarrollo muscular, y no se puede pasar por alto el papel de los macro y micronutrientes. Los expertos consideran que, para un desarrollo muscular óptimo, es esencial consumir entre 0,7 y 1 gramo de proteínas por cada kilo de peso corporal al día. Tenga en cuenta estos valores mientras que hacemos un caso para nuestra dieta vegana alta en proteínas. Un culturista también debe tener un 20% de excedente de ingesta calórica para construir y fortalecer los músculos.

El auge de la dieta basada en plantas también ha atraído a muchos atletas y culturistas, pero muchos se han mostrado escépticos y han dudado a la hora de optar por este enfoque, ya que no eran conscientes de cómo una dieta basada en plantas puede ser también una buena fuente de proteínas y calorías.

Esta preocupación particular de los culturistas llevó a muchos expertos en salud y nutricionistas a trabajar ampliamente en la dieta vegana y a crear recetas ricas en proteínas y a desarrollar un enfoque dietético que pueda satisfacer específicamente las necesidades de las personas que trabajan para ganar músculo. Mientras que la mayoría de la gente puede confiar simplemente en las verduras, las frutas, los cereales, etc., para satisfacer sus necesidades energéticas, los atletas deben examinar la dieta con mucho cuidado y gestionar la proporción de alto contenido en proteínas y carbohidratos, manteniendo al mismo tiempo la ingesta de micronutrientes y oligoelementos. En pocas palabras, una dieta vegana de culturismo es totalmente diferente de una dieta básica basada en plantas, ya que está orientada a satisfacer la necesidad de desarrollar los músculos.

## Beneficios potenciales de la dieta vegana de culturismo

Además de las alternativas de alta proteína a base de plantas, esta dieta puede proporcionar varios otros beneficios para la salud de un culturista. Veamos cómo esta dieta puede vencer los efectos negativos de un enfoque dietético no vegano y lo bien que puede resultar para todos aquellos que están luchando para ganar condición física.

Reduce el riesgo de enfermedades cardíacas

Las personas que consumen carne y grasas animales tienen más riesgo de desarrollar enfermedades cardíacas. El problema comienza básicamente con el colesterol malo, también conocido como lipoproteínas de baja densidad. Las LDL están presentes en gran medida en las grasas animales o saturadas y tienen la tendencia a depositarse en los vasos sanguíneos. El LDL está presente en alguna cantidad en todos los productos animales, desde la carne hasta los lácteos. Una dieta rica en estos productos puede aumentar la ingesta de LDL, lo que provoca problemas cardíacos debido a la obstrucción de los vasos sanguíneos.

La dieta vegana proporciona un colesterol alternativo conocido como lipoproteínas de alta densidad, el colesterol bueno que puede unir el LDL consigo mismo y lo elimina de la sangre. No se deposita en los vasos sanguíneos y previene varias enfermedades del corazón.

Puede promover un peso corporal saludable

Los culturistas y los atletas se esfuerzan constantemente por conseguir un peso corporal ideal o saludable. Cuando se compara la dieta vegana con cualquier dieta tradicional, los resultados muestran claramente lo bien que ayuda a mantener el índice de masa corporal. La dieta basada en plantas no aumenta las grasas corporales. Para conseguir un peso corporal sin grasas, la dieta vegana parece ser la idea para la aptitud física de toda persona que participe en actividades atléticas. Ya que puede mantener el peso corporal, también mantiene los problemas de resistencia a la insulina y las bajas actividades metabólicas lejos de la persona.

Protege contra ciertos tipos de cáncer

A casi todas las personas vulnerables al cáncer, o que lo padecen en sus primeras fases, se les prescribe la dieta basada en plantas. Hay muchas características de esta dieta que pueden prevenir o tratar los efectos negativos del cáncer. En primer lugar, las plantas con sus fitonutrientes tienen una tendencia terapéutica y curan la mutación celular que puede causar el cáncer. Además, esta dieta hace que el cuerpo sea resistente y fuerte frente a los efectos nocivos del cáncer.

# Dieta vegetal para la salud

El Dr. David C Nieman, director del Laboratorio de Rendimiento Humano de la Universidad Estatal de los Apalaches, en Carolina del Norte, ha estudiado los efectos de la dieta en los atletas y su forma física. Su objeto de estudio se centró en la aptitud física y su asociación con una dieta basada en plantas o vegana.

El Dr. Nieman es corredor de maratón y resulta que es vegetariano. Su interés personal era aprender más sobre los efectos de una dieta vegana. Según él, la dieta vegana sólo puede resultar saludable para las personas que realizan ejercicios físicos extremos y permanecen en esas actividades durante más de una hora. Sugiere una dieta vegana alta en proteínas y baja en carbohidratos para controlar la ingesta de carbohidratos. De este modo, una persona puede ganar más resistencia muscular y mejorar la forma y el tamaño general del cuerpo.

También hay otros estudios que correlacionan la dieta vegana y el rendimiento físico de una persona. Sin embargo, los trabajos en este ámbito son limitados hasta ahora. Sin embargo, hay muchos ejemplos en los que inspirarse. Hay muchos culturistas que son veganos y aún así consiguen mantener un índice de masa corporal ideal, una excelente forma muscular y una gran talla.

Torre Washington es un buen ejemplo. Prácticamente no ha probado la carne en su vida, pero nadie puede adivinar eso con el aspecto de sus músculos y la forma de su cuerpo. Se crió en una familia vegetariana y creció comiendo todo tipo de alimentos de origen vegetal. Hoy en día es un entrenador certificado por la Academia Nacional de Medicina Deportiva y un culturista y velocista profesional. Se pasó al veganismo hace unos veinte años, y se ha convertido en un campeón de culturismo vegano gracias a su dieta vegana adaptada. Torre es un ejemplo vivo de cómo una dieta vegana puede favorecer el crecimiento muscular.

Nimai Delgado es otro ejemplo que nos viene a la mente cuando hablamos de veganismo y culturismo. Nimai ha ganado los campeonatos clásicos de EE.UU. de Fresno, el Sacramento Pro, el Hawaii Pro y el Grand Prix gracias a su físico bien cuidado. Ahora es culturista y atleta profesional. También fue vegetariano desde su infancia, y más tarde cambió a una dieta 95% vegana en 2015. Su forma y tamaño muscular son lo suficientemente buenos como para dar una respuesta adecuada a todos los críticos de la dieta vegana de culturismo.

Patrik Baboumian, un atleta armenio-alemán, también ha demostrado el poder de la proteína vegetal a través de su gran forma y sus sólidos músculos. Patrik ha seguido una dieta vegana durante los últimos cinco años de sus veintitrés de carrera. Y hoy se siente más fuerte que nunca. Es un gran defensor de los beneficios de una dieta vegana para el culturismo y también utiliza sus cuentas en las redes sociales para desmentir todos los mitos que rodean al veganismo.

# Recetas diarias ricas en proteínas

**Aguacates rellenos**

Tiempo de preparación: 15 minutos

Raciones: 2

Ingredientes

1 aguacate grande, cortado por la mitad y sin hueso

1 taza de garbanzos cocidos

¼ de taza de nueces picadas

¼ de taza de tallos de apio picados

1 cebolleta (parte verde), cortada en rodajas

1 diente de ajo pequeño, picado

1½ cucharadas de zumo de limón fresco

½ cucharadita de aceite de oliva

Sal y pimienta negra molida, al gusto

1 cucharada de semillas de girasol

1 cucharada de cilantro fresco picado

Cómo prepararse

Con una cuchara, saque la pulpa de cada mitad de aguacate.

A continuación, corte la mitad de la pulpa del aguacate en cubos del mismo tamaño.

En un tazón grande, agregue los cubos de aguacate y el resto de los ingredientes, excepto las semillas de girasol y el cilantro, y mezcle para cubrirlos bien.

Rellena cada mitad de aguacate con la mezcla de garbanzos de manera uniforme.

Servir inmediatamente con la guarnición de semillas de girasol y cilantro.

Nutrición Calorías 440

Grasa total 32,2 g Grasa saturada 5 g

Colesterol 0 mg Sodio 428 mg

Carbohidratos totales 30,2 g Fibra 14,4 g

Azúcar 2,3 g Proteínas 12,6 g

## Boniatos rellenos

Tiempo de preparación: 20 minutos

Tiempo de cocción: 40 minutos

Tiempo total: 1 hora

Raciones: 2

Ingredientes

Patatas dulces

1 boniato grande, cortado por la mitad

½ cucharada de aceite de oliva

Sal y pimienta negra molida, al gusto

Llenado

½ cucharada de aceite de oliva

1/3 de taza de garbanzos enlatados, enjuagados y escurridos

1 cucharadita de curry en polvo

1/8 cucharadita de ajo en polvo

1/3 de taza de quinoa cocida

Sal y pimienta negra molida, al gusto

1 cucharadita de zumo de lima fresco

1 cucharadita de cilantro fresco picado

1 cucharadita de semillas de sésamo

Cómo prepararse

Precaliente el horno a 375ºF.

Frote cada mitad de batata con aceite de manera uniforme.

Colocar las mitades de boniato en una bandeja de horno, con el corte hacia abajo, y espolvorear con sal y pimienta negra.

Hornear durante 40 minutos, o hasta que el boniato esté tierno.

Mientras tanto, para el relleno: en una sartén, calentar el aceite a fuego medio y cocinar los garbanzos, el curry en polvo y el ajo en polvo durante unos 6-8 minutos, removiendo con frecuencia.

Añada la quinoa cocida, la sal y la pimienta negra, y retire del fuego.

Retirar del horno y colocar cada una de las mitades de boniato en un plato.

Con un tenedor, esponje ligeramente la carne de cada mitad.

Poner la mezcla de garbanzos en cada mitad y rociar con zumo de lima

Servir inmediatamente con la guarnición de cilantro y semillas de sésamo.

Nutrición

Calorías 340

Grasa total 8,2 g

Grasas saturadas 1,1 g

Colesterol 0 mg

Sodio 117 mg

Total de carbohidratos 50 g

Fibra 10 g

Azúcar 8,8 g

Proteína 12,6 g

## Coliflor con guisantes

Tiempo de preparación: 15 minutos

Tiempo de cocción: 15 minutos

Porciones: 3

Ingredientes

2 tomates medianos, picados

¼ de taza de agua

2 cucharadas de aceite de oliva

3 dientes de ajo picados

½ cucharada de jengibre fresco picado

1 cucharadita de comino molido

2 cucharaditas de cilantro molido

1 cucharadita de pimienta de cayena

¼ de cucharadita de cúrcuma molida

2 tazas de coliflor picada

1 taza de guisantes frescos sin cáscara

Sal y pimienta negra molida, al gusto

½ taza de agua tibia

Cómo prepararse

En una licuadora, añada el tomate y ¼ de taza de agua y pulse hasta que se forme un puré suave. Reservar.

En una sartén grande, calentar el aceite a fuego medio y saltear el ajo, el jengibre, los chiles verdes y las especias durante aproximadamente 1 minuto.

Añadir la coliflor, los guisantes y el puré de tomate y cocinar, removiendo, durante unos 3-4 minutos.

Añadir el agua caliente y llevar a ebullición.

Reduzca el fuego a medio-bajo y cocine, tapado, durante unos 8-10 minutos o hasta que las verduras estén completamente hechas. Sirva caliente.

Nutrición Calorías 163

Grasa total 10,1 g Grasa saturada 1,5 g

Colesterol 0 mg Sodio 79 mg

Carbohidratos totales 16,1 g Fibra 5,6 g

Azúcar 6,7 g Proteínas 6 g

## Hamburguesas con salsa de champiñones

Tiempo de preparación: 25 minutos

Tiempo de cocción: 30 minutos

Raciones: 2

Ingredientes

Patties

½ taza de mijo, enjuagado

1 taza de agua caliente

1 lata (14 onzas) de garbanzos, enjuagados, escurridos y triturados

1 zanahoria, pelada y rallada finamente

½ pimiento rojo, sin semillas y picado

½ de cebolla amarilla picada

1 diente de ajo picado

½ cucharada de cilantro fresco picado

½ cucharadita de curry en polvo

Sal y pimienta negra molida, al gusto

4 cucharadas de harina de garbanzos

2 cucharadas de aceite de canola

Salsa de setas

2 tazas de leche de soja sin azúcar

2 cucharadas de harina de arrurruz

1 cucharada de salsa de soja baja en sodio

Una pizca de pimienta negra molida

1 cucharadita de aceite de oliva

¾ de taza de champiñones frescos, picados

1 diente de ajo picado

2 cucharadas de cebollino fresco picado

Cómo prepararse

Para las hamburguesas: calentar una pequeña sartén antiadherente a fuego medio y tostar el mijo durante unos 5 minutos, removiendo continuamente.

Añadir el agua caliente y llevar a ebullición.

Reduzca el fuego a bajo y cueza a fuego lento, tapado, durante unos 15 minutos.

Retirar del fuego y reservar, tapado, durante unos 10 minutos.

Destapar la sartén y dejar que el mijo se enfríe completamente.

Una vez enfriado, esponjar el mijo con un tenedor.

En un bol grande, añadir el mijo y el resto de ingredientes (excepto la harina de garbanzos y el aceite) y mezclar hasta que estén bien combinados.

Añadir poco a poco la harina de garbanzos, 1 cucharada a la vez, y mezclar bien.

Hacer 4 hamburguesas del mismo tamaño con la mezcla.

En una sartén antiadherente, calentar el aceite a fuego medio y cocinar las hamburguesas durante unos 3-4 minutos por lado, o hasta que se doren.

Mientras tanto, para la salsa de champiñones: en un bol, añada la leche de soja, la harina, la salsa de soja y la pimienta negra y bata hasta que esté suave. Reservar.

Calentar el aceite en una sartén a fuego medio y saltear las setas y el ajo durante unos 3 minutos. Incorporar la mezcla de leche de soja y cocinar durante unos 8 minutos, removiendo con frecuencia. Incorpore el cebollino y retire del fuego. Colocar 2 hamburguesas en cada plato y cubrirlas con la salsa de champiñones. Servir inmediatamente.

Nutrición Calorías 713 Grasas totales 24,2 g Grasas saturadas 2,3 g

Colesterol 0 mg Sodio 674 mg Total de carbohidratos 92 g

Fibra 17,1 g Azúcar 8,5 g Proteínas 29,5 g

## Pan de arroz y lentejas

Tiempo de preparación: 20 minutos

Tiempo de cocción: 1 hora y 50 minutos

Tiempo total: 2 horas 10 minutos

Porciones: 6

Ingredientes

1¾ tazas más 2 cucharadas de agua, divididas

½ taza de arroz salvaje

½ taza de lentejas marrones

Sal, al gusto

½ cucharadita de condimento italiano

1 cebolla amarilla mediana, picada

1 tallo de apio picado

6 champiñones cremini, picados

4 dientes de ajo picados

¾ de taza de copos de avena

½ taza de nueces, picadas finamente

¾ de taza de ketchup sin azúcar

½ cucharadita de copos de pimienta roja triturados

1 cucharadita de romero fresco, picado

2 cucharaditas de tomillo fresco picado

Cómo prepararse

En una cacerola, añadir 1¾ tazas de agua, el arroz, las lentejas, la sal y el condimento italiano a fuego medio-alto y llevar a ebullición.

Reduzca el fuego a bajo y cocine, tapado, durante unos 45 minutos.

Retirar la sartén del fuego y reservar, tapada, durante al menos 10 minutos.

Precaliente el horno a 350ºF y forre un molde para pan de 9x5 pulgadas con papel pergamino.

En una sartén, calentar el agua restante a fuego medio y rehogar la cebolla, el apio, las setas y el ajo durante unos 4-5 minutos.

Retirar del fuego y reservar para que se enfríe un poco.

En un bol grande, añadir la avena, las nueces, el ketchup y las hierbas frescas y mezclar hasta que estén bien combinados.

Añadir la mezcla de arroz y la de verduras y mezclar bien.

En una batidora, añadir la mezcla y pulsar hasta que se forme una mezcla en trozos.

Colocar la mezcla en el molde de pan preparado de manera uniforme.

Con un trozo de papel de aluminio, cubra el molde y hornee durante unos 40 minutos.

Destape y hornee durante 20 minutos más, o hasta que la parte superior se dore.

Retirar del horno y colocar el molde en una rejilla durante unos 10 minutos.

Con cuidado, invierta el pan en una bandeja.

Cortar en rodajas del tamaño deseado y servir.

Nutrición

Calorías 254 Grasas totales 7,5 g Grasas saturadas 0,6 g

Colesterol 0 mg Sodio 269 mg Carbohidratos totales 38,6 g

Fibra 8,5 g Azúcar 8,9 g Proteínas 11,5 g

## Garbanzos con acelgas

Tiempo de preparación: 15 minutos

Tiempo de cocción: 15 minutos

Porciones: 4

Ingredientes

2 cucharadas de aceite de oliva

1 cebolla amarilla mediana, picada

4 dientes de ajo picados

1 cucharadita de tomillo seco triturado

1 cucharadita de orégano seco triturado

½ cucharadita de pimentón

1 taza de tomate, picado finamente

2½ tazas de garbanzos enlatados, enjuagados y escurridos

5 tazas de acelgas

2 cucharadas de agua

2 cucharadas de zumo de limón fresco

Sal y pimienta negra molida, al gusto

3 cucharadas de albahaca fresca picada

Cómo prepararse

Calentar el aceite de oliva en una sartén a fuego medio y saltear la cebolla durante unos 6-8 minutos.

Añadir el ajo, las hierbas y el pimentón y rehogar durante 1 minuto.

Añada las acelgas y 2 cucharadas de agua y cocine durante unos 2-3 minutos.

Añadir los tomates y los garbanzos y cocinar durante unos 2-3 minutos.

Añade el zumo de limón, la sal y la pimienta negra, y retira del fuego.

Servir caliente con la guarnición de albahaca.

Nutrición

Calorías 260 Grasas totales 8,6 g Grasas saturadas 1,1 g

Colesterol 0 mg Sodio 178 mg Carbohidratos totales 34 g

Fibra 8,6 g Azúcar 3,1 g Proteínas 12 g

## Frijoles negros picantes

Tiempo de preparación: 15 minutos

Tiempo de cocción: 1 hora y 25 minutos

Tiempo total: 1 hora y 40 minutos

Porciones: 5

Ingredientes

4 tazas de agua

1½ tazas de frijoles negros secos, remojados durante 8 horas y escurridos

½ cucharadita de cúrcuma molida

3 cucharadas de aceite de oliva

1 cebolla roja pequeña, picada finamente

1 chile verde picado

1 trozo de jengibre fresco (1 pulgada), picado

2 dientes de ajo picados

1½ cucharadas de cilantro molido

1 cucharadita de comino molido

½ cucharadita de pimienta de cayena

Sal, al gusto

2 tomates medianos, picados finamente

¼ de taza de crema de coco

½ taza de cilantro fresco, picado

Cómo prepararse

En una cacerola grande, añada el agua, los frijoles negros y la cúrcuma, y llévelos a ebullición a fuego alto.

Ahora, reduzca el fuego a bajo y cocine, tapado, durante aproximadamente 1 hora o hasta que las alubias estén al punto deseado. Mientras tanto, en una sartén, calienta el aceite a fuego medio y saltea la cebolla durante unos 4-5 minutos. Añada el chile verde, el jengibre, el ajo, las especias y la sal, y saltee durante unos 1-2 minutos. Incorpore los tomates y cocine durante unos 10 minutos, removiendo de vez en cuando. Transfiera la mezcla de tomate a la sartén con los frijoles negros y revuelva para combinar. Reduzca el fuego a medio-bajo y cocine durante unos 20-25 minutos. Servir caliente con la guarnición de crema de coco y cilantro.

Nutrición Calorías 344 Grasas totales 11,9 g Grasas saturadas 3,8 g

Colesterol 0 mg Sodio 50 mg Total de carbohidratos 48,5 g

Fibra 10 g Azúcar 10,8 g Proteínas 13,6 g

## Sopa de judías mixtas

Tiempo de preparación: 20 minutos

Tiempo de cocción: 45 minutos

Tiempo total: 1 hora y 5 minutos

Porciones: 12

Ingredientes

¼ de taza de aceite vegetal

1 cebolla grande picada

1 batata grande, pelada y cortada en cubos

3 zanahorias, peladas y picadas

3 tallos de apio picados

3 dientes de ajo picados

2 cucharaditas de tomillo seco triturado

1 lata (4 onzas) de chiles verdes

2 chiles jalapeños picados

1 cucharada de comino molido

4 tomates grandes, picados finamente

2 latas (16 onzas) de alubias rojas, enjuagadas y escurridas

2 latas (15¼ onzas) de alubias rojas, enjuagadas y escurridas

1 lata (15 onzas) de frijoles negros, escurridos y enjuagados

9 tazas de caldo de verduras casero

1 taza de cilantro fresco picado

Cómo prepararse

En un horno holandés, calentar el aceite a fuego medio y saltear la cebolla, el boniato, las zanahorias y el apio durante unos 6-8 minutos.

Añade el ajo, el tomillo, los chiles verdes, los chiles jalapeños y el comino y saltea durante aproximadamente 1 minuto.

Añadir los tomates y cocinar durante unos 2-3 minutos. Añadir las alubias y el caldo y llevar a ebullición a fuego medio-alto. Cubra la cacerola con una tapa y cocine durante unos 25-30 minutos. Incorporar el cilantro y retirar del fuego. Servir caliente.

Nutrición Calorías 563

Grasa total 6,8 g Grasa saturada 1,4 g Colesterol 0 mg Sodio 528 mg

Carbohidratos totales 90 g Fibra 31,5 g Azúcar 11 g Proteínas 32,4 g

## Guiso de cebada y lentejas

Tiempo de preparación: 20 minutos

Tiempo de cocción: 50 minutos

Tiempo total: 1 hora y 10 minutos

Porciones: 8

Ingredientes

2 cucharadas de aceite de oliva

2 zanahorias, peladas y picadas

1 cebolla roja grande, picada

2 tallos de apio picados

2 dientes de ajo picados

1 cucharadita de cilantro molido

2 cucharaditas de comino molido

1 cucharadita de pimienta de cayena

1 taza de cebada

1 taza de lentejas rojas

5 tazas de tomates, picados finamente

5-6 tazas de caldo de verduras casero

6 tazas de espinacas frescas, desgarradas

Sal y pimienta negra molida, al gusto

Cómo prepararse

En una sartén grande, calentar el aceite a fuego medio y saltear las zanahorias, la cebolla y el apio durante unos 5 minutos.

Añadir el ajo y las especias y saltear durante 1 minuto.

Añadir la cebada, las lentejas, los tomates y el caldo y llevar a ebullición.

Reduzca el fuego a bajo y cueza a fuego lento, tapado, durante unos 40 minutos.

Añada las espinacas, la sal y la pimienta negra, y cueza a fuego lento durante unos 3-4 minutos.

Servir caliente.

Nutrición Calorías 264

Grasa total 5,8 g Grasa saturada 1 g Colesterol 0 mg Sodio 540 mg

Carbohidratos totales 41,1 g Fibra 14,1 g Azúcar 5,8 g Proteínas 14,3 g

# Recetas de desayunos y batidos

## Muffin de zanahorias y pasas

Porciones: 4

Tiempo de preparación: 5 minutos

Tiempo de cocción: 30 minutos

Ingredientes

1 1/4 de taza de harina de almendra

1/2 taza de harina integral (cualquiera)

3 cucharadas de almendras molidas

2 tazas de zanahoria rallada

1 1/2 cucharadita de bicarbonato de sodio

2 cucharaditas de polvo de hornear

2 cucharaditas de canela

1/2 cucharadita de sal

1 cucharadita de vinagre de manzana

1/2 taza de aceite de oliva virgen extra

2 cucharadas de aceite de linaza

4 cucharadas de miel ecológica

3 oz de pasas sin semillas

Direcciones:

Precalentar el horno a 360 F.

En un tazón grande, combine la harina de almendras, la harina integral, el bicarbonato de sodio, la levadura en polvo, la canela y la sal.

En un bol aparte, bata el vinagre de manzana, el aceite de oliva, el aceite de linaza y la miel.

Combinar la mezcla de harina de almendra con la mezcla líquida; remover bien.

Añadir las zanahorias ralladas y las pasas; remover bien.

Llene los moldes para magdalenas hasta 3/4 de su capacidad.

Hornear durante 30 minutos.

Retirar del horno y dejar enfriar durante 10 minutos.

Sirve.

## Tacos veganos fáciles

Raciones: 2

Tiempo de preparación: 5 minutos

Tiempo de cocción: 10 minutos

Ingredientes:

Conchas para tacos (8)

Maíz (.25 C.)

Tomates cherry picados (8)

Aguacate picado (1)

Comino molido (2 t.)

Salsa picante (2 t.)

Puré de tomate (1 C.)

Frijoles negros (2 C.)

Instrucciones: Para empezar esta receta, debes coger una sartén y ponerla a fuego medio. Cuando la sartén comience a calentarse, agregue el puré de tomate, los frijoles negros, la salsa picante y el comino. Cocine todos estos ingredientes juntos durante unos cinco minutos o hasta que todo esté caliente. En este punto, siéntete libre de sazonar el plato como quieras. A continuación, empieza a montar los tacos. Todo lo que tiene que hacer es verter la cantidad de mezcla de frijoles en cada taco

## Gachas de avena y maca en polvo

Raciones: 2

Tiempo de preparación: 5 minutos

Tiempo de cocción: 10 minutos

Ingredientes

2 tazas de leche de almendras (o leche de coco) sin endulzar

1 pizca de sal de mesa

1 taza de copos de avena

1 1/2 cucharadas de polvo de maca

1 cucharada de miel (o jarabe de arce)

1 cucharadita de canela molida

1 plátano pelado y cortado en rodajas finas

Instrucciones: En una cacerola, calentar la leche de almendras con una pizca de sal a fuego alto; llevar a ebullición. Incorporar los copos de avena y la maca en polvo, reducir el fuego a medio y cocer a fuego lento, sin tapar, de 5 a 7 minutos; remover constantemente. Poner los copos de avena en un bol y verter la miel, la canela y las rodajas de plátano. Servir y disfrutar.


## Tortitas saladas de patata y cúrcuma

Porciones: 4

Tiempo de preparación: 5 minutos

Tiempo de cocción: 15 minutos

Ingredientes

4 patatas grandes, ralladas

1 cucharadita de cúrcuma en polvo

1 cucharada de mantequilla de almendras con sal añadida

Sal y pimienta molida al gusto

1/2 taza de aceite de oliva con ajo

Servir: perejil fresco picado o cebollas verdes en rodajas

Instrucciones: Pelar, lavar y secar las patatas. Rallar las patatas en un plato o cuenco. Sazona las patatas con la sal y la pimienta y la cúrcuma.

Calentar el aceite en una sartén grande a fuego medio-fuerte Echar las patatas ralladas en el aceite caliente y presionar con una espátula. Cocinar durante unos 2 minutos; dar la vuelta a la tortita y cocinarla hasta que se dore. Pasar la tortita al papel de cocina. Servir caliente con perejil o cebolla verde picados.

## Carne Vegana

Porciones: 3

Tiempo de preparación: 15 minutos

Tiempo de cocción: 50 minutos

Ingredientes

Corteza de coliflor

1/2 taza de aceite de aguacate

1 cabeza de coliflor cortada en ramilletes

1/2 cucharadita de ajo picado

Sal y pimienta molida al gusto

1/2 taza de champiñones en rodajas finas

2 cucharadas de polvo de arrurruz

Relleno/cobertura

1/2 taza de ketchup

1 taza de champiñones cortados en rodajas

1 taza de puré de aguacate (triturado)

1/2 taza de zanahoria rallada

1 taza de aceitunas sin hueso, cortadas en rodajas o por la mitad

Direcciones:

Masa de coliflor:

Precalentar el horno a 400F.

Cubrir una bandeja para hornear con papel pergamino.

Añada los ramilletes de coliflor en su procesador de alimentos en tandas.

Procesar los ramilletes de coliflor hasta conseguir una forma de arroz.

Cocinar la coliflor en una sartén antiadherente durante unos 8 a 10 minutos.

Ponga el arroz de coliflor en un bol y añada las setas, el ajo molido, el arrurruz en polvo, un poco de aceite y la sal y la pimienta; remueva bien.

Extienda la masa de coliflor en una bandeja de horno preparada y hornee durante unos 20 minutos.

Retirar del horno y dejar que se enfríe durante 10 minutos. Recubrimientos

Rellenar la masa con la salsa de tomate, el puré de aguacate, los champiñones en rodajas, la zanahoria y rociar con un poco de aceite de aguacate. Colocar la masa en el horno y hornear de 10 a 12 minutos. Cortar en rodajas y servir caliente.

## Spread Edamame agrio

Porciones: 6

Tiempo de preparación: 5 minutos

Tiempo de cocción: 5 minutos

Ingredientes

2 tazas de edamame congelado sin cáscara, cocido según las instrucciones del paquete

1/4 de taza de aceite de sésamo , 1 taza de tofu sedoso escurrido

1 cucharada de ajo picado (de 3 dientes medianos)

Sal marina en escamas al gusto

Pimienta blanca al gusto

2 cucharaditas de comino molido, 1 cucharada de vinagre de arroz, 4 cucharadas de zumo de limón fresco

Semillas de sésamo para servir

Instrucciones: Coloque todos los ingredientes en su licuadora de alta velocidad o en un procesador de alimentos. Mezcle hasta que estén bien combinados. Ponga la pasta para untar en un bol y espolvoree con semillas de sésamo. El Edamame para untar se puede refrigerar en un recipiente hermético hasta 3 días.

## Tortilla de tofu de resistencia

Raciones: 2

Tiempo de preparación: 8 minutos

Tiempo de cocción: 12 minutos

Ingredientes

2 cucharadas de aceite de oliva

1 cebolla pequeña finamente picada

1 pimiento rojo grande picado

1/2 taza de champiñones blancos cortados por la mitad o en rodajas

3/4 de libra de tofu cortado en cubos, 1 cucharada de levadura nutricional

1 cucharadita de cúrcuma (para el color), 1 cucharadita de ajo en polvo

Sal marina y pimienta negra molida al gusto

Instrucciones: Calentar el aceite en una sartén grande a fuego medio-alto. Saltear la cebolla y el pimiento rojo con una pizca de sal durante 2 o 3 minutos. Añadir los champiñones y cocinar hasta que se haya evaporado la mayor parte del agua de los champiñones. Añadir los cubos de tofu y todos los ingredientes restantes; remover bien. Tapar y cocinar a fuego medio durante unos 6 a 8 minutos; remover de vez en cuando. Probar y rectificar la sazón. Servir caliente.

## Batido de quark vegano Superelan

Raciones: 2

Tiempo de preparación: 5 minutos

Tiempo de cocción: 5 minutos

Ingredientes

1 plátano congelado

3/4 de taza de bayas congeladas

1 manzana sin corazón y en rodajas

1/3 de taza de avena

1 cucharada de proteína vegana en polvo (proteína de soja o cáñamo)

3/4 de taza de quark vegano (por ejemplo, Alpro)

1 1/2 tazas de leche de almendras

Direcciones:

Coloque todos los ingredientes en su batidora de velocidad rápida.

Mezclar hasta que esté suave y cremoso.

Servir inmediatamente.

## Pan de desayuno de boniato y naranja

Porciones: 6

Tiempo de preparación: 5 minutos

Tiempo de cocción: 50 minutos

Ingredientes

1 boniato grande (unas 12 onzas), pelado y rallado

1/2 taza de zumo de naranja fresco

1/3 de taza de agua

1/3 de taza de mermelada de naranja

4 cucharadas de aceite de canola

1 cucharada de polvo de arrurruz

3 tazas de harina de trigo

1/2 taza de azúcar

2 cucharaditas de polvo de hornear

1/4 de cucharadita de sal

Direcciones:

Precalentar el horno a 375 F/180 C.

En una cacerola pequeña, cocine la batata rallada durante 10 minutos; escúrrala y déjela enfriar.

En un bol, combine la patata rallada con el zumo de naranja, el agua, la mermelada de naranja, el aceite de canola y el polvo de arrurruz.

En un recipiente aparte, mezcle la harina, el azúcar, la levadura en polvo y la sal.

Añadir los ingredientes líquidos a la mezcla de harina y remover hasta que se combinen.

Vierta la masa en un molde para pan engrasado y hornee durante 30-35 minutos.

Cuando esté listo, déjelo enfriar durante 10 minutos.

Cortar y servir.

## El poder del batido de plátano y soja

Raciones: 2

Tiempo de preparación: 5 minutos

Tiempo de cocción: 5 minutos

Ingredientes

3/4 de taza de leche de soja

2 plátanos congelados

1 kiwi en rodajas

1 cucharada de semillas de cáñamo

1 cucharada de aceite de linaza

1 cucharada de proteína vegana en polvo (proteína de guisante o de soja)

1 taza de espinacas frescas

3/4 de taza de bayas congeladas descongeladas (sin azúcar)

Direcciones:

Ponga todos los ingredientes en su batidora.

Licuar durante unos 45 segundos o hasta que todo esté bien mezclado. Servir.

## Pan vegano de perejil y almendras

Raciones: 2

Tiempo de preparación: 10 minutos

Tiempo de cocción: 1 hora

Ingredientes

1 1/2 tazas de agua con gas a temperatura ambiente

1 cucharada de levadura seca activa

1 cucharadita de azúcar

3 cucharadas de aceite de oliva

2 1/2 tazas de harina de trigo

2 cucharadas de perejil fresco picado

1/2 taza de almendras finamente picadas

1 cucharadita de ajo molido

1 cucharadita de sal

Direcciones:

Precalentar el horno a 375 F/185 C.

Engrasar con aceite de oliva un pan para hornear; reservar.

En un bol grande, disolver la levadura, el azúcar y la sal en el agua con gas; dejar reposar hasta que se formen burbujas en la superficie.

Añadir la harina y el aceite de oliva y batir hasta que esté suave.

Añadir todos los ingredientes restantes y seguir batiendo hasta que se combinen bien o hasta que se forme una masa suave.

Pasar a una superficie enharinada; amasar hasta que esté suave y elástica o durante unos 8 minutos.

Dar forma a la masa y colocarla en una panera preparada.

Hornear de 30 a 35 minutos o hasta que se dore.

Retirar del horno y dejar reposar durante 10 minutos.

Cortar, servir y disfrutar.

## Sloppy Joe vegano con tofu

Porciones: 4

Tiempo de preparación:

Tiempo de cocción:

Ingredientes

2 cucharadas de aceite de aguacate

1 cebolla cortada en rodajas finas

2 dientes de ajo cortados en rodajas finas

1 libra de queso tofu, cortado en cubos

1 chile jalapeño en rodajas

1 pimiento verde, cortado en dados

1 tomate grande cortado en dados

3 cucharadas de pasta de tomate

2 cucharadas de mezcla de especias para fajitas

Sal y pimienta negra molida

1 taza de agua

Direcciones:

Calentar el aceite en una sartén grande a fuego medio.

Añade la cebolla verde en rodajas, el ajo, el pimiento verde y el chile jalapeño; saltea con una pizca de pimienta durante 3 o 4 minutos o hasta que estén blandos.

Añade el tofu y dóralo durante 3 minutos más; remueve constantemente.

Añade el tomate cortado en dados, la pasta de tomate, el agua y la mezcla de especias para fajitas; tapa y cocina a fuego medio-bajo durante 10 minutos.

Probar y ajustar la sal y la pimienta al gusto.

Servir inmediatamente o conservar en la nevera.

## Batido gigante superverde vegano

Raciones: 2

Tiempo de preparación: 5 minutos

Tiempo de cocción: 5 minutos

Ingredientes

1 1/2 tazas de leche de almendras (o leche de coco)

1 taza de tapas de zanahoria picadas

1 taza de espinacas frescas picadas

1 pepino, pelado y cortado en rodajas

1 plátano grande, fresco o congelado

3 cucharadas de almendras molidas o almendras de Macadamia molidas

1 cucharada de proteína vegana en polvo (proteína de guisante o de soja)

1 cucharada de miel extraída

1 cucharada de aceite de linaza

Instrucciones: Coloque todos los ingredientes en su batidora de velocidad rápida. Mezcle hasta que esté suave y bien combinado. Servir.

## Tostadas dulces veganas

Raciones: 2

Tiempo de preparación: 5 minutos

Tiempo de cocción: 10 minutos

Ingredientes

3 cucharadas de aceite de oliva

1 taza de leche de soja (sin azúcar)

1 taza de harina de avena (o de trigo sarraceno)

1/2 cucharadita de canela

2 cucharadas de azúcar moreno o azúcar

6 rebanadas de pan de un día (o pan multicereal)

Raciones; crema vegana, cacahuetes, miel o jarabe de arce

Direcciones:

Calentar el aceite en una sartén a fuego medio-alto.

Vierta la leche de soja en un bol.

En un recipiente aparte, combinar los copos de avena y el azúcar moreno; remover bien.

Sumergir cada rebanada de pan primero en leche de soja, y luego pasarla por la mezcla de copos de avena.

Fríe tus tostadas francesas veganas durante un par de minutos por cada lado, o hasta que se doren.

Sacar las torrijas a un plato forrado con papel de cocina para escurrirlas.

Sírvelo con tu pasta vegana favorita, cacahuetes, miel o sirope de arce.

## Bebida proteica de espinacas y arándanos

Tiempo de preparación: 5 minutos Tiempo de cocción: Ninguno

Raciones: 2

Ingredientes:

½ taza de yogur vegano

¼ de taza de bayas mixtas

1/3 de taza de leche no láctea

1 taza de verduras de hoja verde

1 cucharada de proteína vegana en polvo

1/3 de taza de hielo

Direcciones:

Añade todos los ingredientes en un procesador de alimentos, excepto el hielo

Licuar hasta que quede suave, luego agregar hielo

Mezclar hasta que el hielo esté triturado y servir

## Batido de café Pick Me Up

Tiempo de preparación: 5 minutos Tiempo de cocción: Ninguno

Raciones: 2

Ingredientes:

1 lata de leche de coco

3 plátanos congelados

2 cucharadas de mantequilla de cacahuete

4 cucharaditas de café instantáneo en polvo

2 cucharadas de jarabe de arce

Direcciones:

Pelar y cortar los plátanos frescos en trozos

Congelar durante 2 horas antes de usar

En un procesador de alimentos, añada la leche no láctea, los plátanos congelados, la mantequilla de cacahuete, el café instantáneo en polvo y el jarabe de arce

Mezclar hasta que esté suave


## Batido vegano de fresa

Tiempo de preparación: 5 minutosTiempo de cocción: Ninguno
Raciones: 2

Ingredientes:

2 tazas de fresas

1 plátano

1/4 de taza de leche no láctea

2 cucharadas de jarabe de arce

Direcciones:

En un procesador de alimentos, mezcle las fresas, el plátano, la leche y el jarabe de arce

Verter en dos vasos de servir y disfrutar

## Batido verde de aguacate

Tiempo de preparación: 5 minutosTiempo de cocción: Ninguno
Raciones: 2

Ingredientes:

1/2 aguacate

1 plátano

1 taza de espinacas

1 taza de leche no láctea

2 dátiles sin hueso

Direcciones:

En un procesador de alimentos, mezcle el aguacate, el plátano, las espinacas, la leche y los dátiles hasta que esté suave

Verter en dos vasos de servir y disfrutar

## Barras de granola

Para algunas ideas adicionales de tentempiés antes del entrenamiento, considera una barra de granola. ¿En qué consiste? La receta básica contiene avena, frutos secos y fruta deshidratada. La avena, tiene fibra. Reduce los niveles de colesterol y el riesgo de desarrollar enfermedades cardíacas.

Los ingredientes se mantienen unidos con jarabe de arce o agave. Son prácticos porque son pequeños y no necesitan conservarse en frío. Como suelen venir predosificados, se evita comer en exceso.

Esto hace que sea más fácil controlar el peso. Las barritas de granola también tienen un buen sabor y están disponibles en una gran variedad de sabores. En cuanto a los beneficios para la salud, las barritas de granola pueden ser una buena fuente de fibra y proteínas. Sin embargo, al igual que ocurre con los batidos de proteínas, no todas las barritas de granola se consideran saludables. Este es el caso cuando contiene ingredientes que pueden minimizar los resultados de tus esfuerzos de entrenamiento.

Sí, las barritas de cereales pueden ser una opción saludable para los deportistas. Sin embargo, no siempre es así. Te recomendamos que compruebes la lista de ingredientes de las que compras en el supermercado. Esto se debe a que los ingredientes artificiales, los altos niveles de azúcar y las calorías añadidas pueden obstaculizar tus objetivos de fitness. Suelen estar muy procesados, lo que puede ser la causa del desarrollo del síndrome metabólico. Éste es responsable de varias afecciones como la diabetes, las enfermedades cardíacas y los accidentes cerebrovasculares.

Los alimentos procesados contienen ingredientes artificiales, lo que significa que el consumidor no puede saber con certeza qué está ingiriendo exactamente. Además, algunas marcas de barritas de cereales compradas en tiendas superan la cantidad recomendada de azúcar que se debe consumir al día. El exceso de azúcar suele ser la causa subyacente del aumento de peso. Si no se controla, puede provocar obesidad y diabetes. Algunas personas asumen que los alcoholes de azúcar son mejores alternativas al azúcar, pero tienen su parte de problemas. Por ejemplo, es posible que el organismo no los descomponga con la misma eficacia.

También pueden presentar efectos adversos para quienes tienen sensibilidad al xilitol o al sorbitol. Otros edulcorantes artificiales como el aspartamo, la sacarina y la sucralosa reaccionan negativamente sobre la salud intestinal y dificultan el control del azúcar en sangre.

Sabiendo esto, quizá se pregunte qué debe buscar en una barra de granola. Para que sea saludable, debe estar compuesta por ingredientes reales. Entre ellos están los cereales, como la avena, así como la fruta, las semillas y los frutos secos. Lo ideal es que los alimentos reales tengan ingredientes que puedas pronunciar. Su contenido de azúcar debe ser inferior a 10 gramos. Para que sea nutritiva, debe tener más de 5 gramos de proteínas. Una barra de granola saludable también debe tener una fuente de fibra, por lo que al menos 3 gramos. En cuanto al número de calorías, no debería superar las 250.

Además, debe saber que la primera impresión es importante, cuando se trata de comida. ¿Qué queremos decir con esto? Sencillamente, que los ingredientes se enumeran en el orden en que aparecen. Lo que más tiene el producto aparecerá en primer lugar. Por el contrario, lo que menos tiene el producto aparecerá en último lugar. Si el azúcar figura entre los tres primeros ingredientes de la barra de granola, debe evitarse. No es una opción de merienda saludable para usted.

Como vegano, también debes comprobar la lista de ingredientes para asegurarte de que es 100% vegetal. Debido a lo complicado que puede ser elegir la barrita de granola adecuada para ti y para tus objetivos de fitness, algunas personas prefieren no comerlas. Sin embargo, ofrecemos algo mucho más interesante: la opción de hacer tu barra de granola.

Hacerlo es barato, ya que es probable que los ingredientes ya estén en la despensa de su cocina. Ofrece la versatilidad de adaptar la receta a tus preferencias personales. También es un alimento que puedes hacer en lotes y congelar para más adelante. Pueden ser tan sencillas o tan elaboradas como usted quiera. Sin embargo, para proporcionar a tu cuerpo los macronutrientes que necesita para mejorar el rendimiento deportivo, mantendremos esta receta corta y dulce.

Uno de sus ingredientes clave es el cáñamo, un superalimento. Es una buena fuente de omega 3, 6 y 9. También tiene magnesio, manganeso, hierro y zinc. Este ingrediente es útil para los deportistas, ya que puede ayudar a reducir el dolor en los tendones y ligamentos. También mejora la circulación del oxígeno más rápidamente en el torrente sanguíneo. Además, el cáñamo tiene propiedades antiinflamatorias, por lo que es un gran alimento para incluir en la dieta de un deportista.

Otro ingrediente rico en nutrientes de esta receta es el dátil. Aunque este fruto seco tiene un mayor número de calorías, sus otros beneficios para la salud lo convierten en un ingrediente que merece la pena tener en la dieta. Los dátiles tienen un bajo índice glucémico. Tienen un alto contenido en fibra, que ayuda a la salud digestiva y regula el movimiento intestinal. También ralentiza la digestión, lo que permite a tu cuerpo un mayor control de los niveles de azúcar en sangre.

Los dátiles también tienen un alto contenido en antioxidantes, que luchan por reducir el riesgo de desarrollar enfermedades crónicas. Algunos de los antioxidantes presentes en los dátiles son los flavonoides, los carotenoides y el ácido fenólico. Estos ayudan a reducir la inflamación y a promover la salud cardiovascular. Además, los dátiles son buenos para el cerebro humano. No hay que subestimar la utilidad del cerebro en un entrenamiento, en la formación y en un gran partido. Un cerebro sano significa una mejor memoria, una mayor capacidad de aprendizaje y un mayor estado de alerta. Además, los dátiles son excelentes edulcorantes naturales y pueden sustituir fácilmente al azúcar en una receta. A menudo, esto se consigue mezclando dátiles con agua para crear una pasta. Si necesita que le convenzan de lo buenos que son los dátiles para usted, sepa esto. Los dátiles también ayudan a fortalecer los huesos gracias a nutrientes como el calcio, el magnesio, el fósforo y el potasio. En este caso, los dátiles se añaden a la barra de granola. Servirá como ingrediente aglutinante que mantiene unida tu barra de proteínas. Sin embargo, la versatilidad de esta fruta hace que sea una gran adición a las salsas, aderezos para ensaladas, adobos y avena, también. En

# Recetas para el almuerzo

## Increíble plato de patatas

Tiempo de preparación: 10 minutos

Tiempo de cocción: 3 horas

Porciones: 4

Ingredientes:

1 y ½ libras de patatas, peladas y cortadas en trozos grandes

1 cucharada de aceite de oliva

3 cucharadas de agua

1 cebolla amarilla pequeña, picada

½ taza de pastilla de caldo de verduras, desmenuzada

½ cucharadita de cilantro molido

½ cucharadita de comino molido

½ cucharadita de garam masala

½ cucharadita de chile en polvo

Pimienta negra al gusto

½ libra de espinacas, desmenuzadas

Direcciones:

Ponga las patatas en su olla de cocción lenta.

Añade el aceite, el agua, la cebolla, la pastilla de caldo, el cilantro, el comino, el garam masala, el chile en polvo, la pimienta negra y las espinacas.

Remover, tapar y cocinar a fuego alto durante 3 horas.

Dividir en cuencos y servir.

Que lo disfrutes.

Nutrición: calorías 270, grasa 4, fibra 6, carbohidratos 8, proteínas 12

## Delicia de batatas y lentejas con textura

Tiempo de preparación: 10 minutos

Tiempo de cocción: 4 horas y 30 minutos

Porciones: 6

Ingredientes:

6 tazas de batatas, peladas y cortadas en cubos

2 cucharaditas de cilantro molido

2 cucharaditas de chile en polvo

1 cebolla amarilla picada

3 tazas de caldo de verduras

4 dientes de ajo picados

Una pizca de sal marina y pimienta negra

10 onzas de leche de coco en lata

1 taza de agua

1 y ½ tazas de lentejas rojas

Direcciones:

Ponga las batatas en su olla de cocción lenta.

Agregue el cilantro, el chile en polvo, la cebolla, el caldo, el ajo, la sal y la pimienta, revuelva, tape y cocine a fuego alto durante 3 horas.

Añadir las lentejas, remover, tapar y cocer durante 1 hora y 30 minutos.

Añadir el agua y la leche de coco, remover bien, repartir en cuencos y servir enseguida.

Que lo disfrutes.

Nutrición: calorías 300, grasa 10, fibra 8, carbohidratos 16, proteínas 10

## Pizza increíblemente sabrosa

Tiempo de preparación: 1 hora y 10 minutos

Tiempo de cocción: 1 hora y 45 minutos

Porciones: 3

Ingredientes:

Para la masa:

½ cucharadita de condimento italiano

1 y ½ tazas de harina de trigo integral

1 y ½ cucharaditas de levadura instantánea

1 cucharada de aceite de oliva

Una pizca de sal

½ taza de agua tibia

Spray de cocina

Para la salsa:

¼ de taza de aceitunas verdes, sin hueso y en rodajas

¼ de taza de aceitunas kalamata, sin hueso y en rodajas

½ taza de tomates triturados

1 cucharada de perejil picado

1 cucharada de alcaparras, enjuagadas

¼ de cucharadita de ajo en polvo

¼ de cucharadita de albahaca seca

¼ de cucharadita de orégano seco

¼ de cucharadita de azúcar de palma

¼ de cucharadita de copos de pimienta roja

Una pizca de sal y pimienta negra

½ taza de mozzarella de anacardo, rallada

Direcciones:

En su procesador de alimentos, mezcle la levadura con el condimento italiano, una pizca de sal y la harina.

Añadir el aceite y el agua y mezclar bien hasta obtener una masa.

Pasar la masa a una superficie de trabajo enharinada, amasar bien, pasarla a un bol engrasado, taparla y dejarla reposar durante 1 hora.

Mientras tanto, en un tazón, mezcle las aceitunas verdes con las aceitunas kalamata, los tomates, el perejil, las alcaparras, el ajo en polvo, el orégano, el azúcar, la sal, la pimienta y las hojuelas de pimienta y revuelva bien.

Transfiera la masa de pizza a una superficie de trabajo de nuevo y aplánela.

Dale forma para que quepa en tu olla de cocción lenta.

Engrasa tu olla de cocción lenta con spray de cocina y añade la masa.

Presione bien el fondo.

Repartir la mezcla de la salsa por todo, tapar y cocinar a fuego alto durante 1 hora y 15 minutos.

Esparcir la mozzarella vegana por todo, tapar de nuevo y cocinar a fuego alto durante 30 minutos más.

Deje que la pizza se enfríe antes de cortarla y servirla.

Nutrición: calorías 340, grasa 5, fibra 7, carbohidratos 13, proteínas 15

## Sopa de alubias ricas

Tiempo de preparación: 10 minutos

Tiempo de cocción: 7 horas

Porciones: 4

Ingredientes: 1 libra de alubias blancas, 1 cebolla amarilla picada

4 dientes de ajo machacados, 2 litros de caldo de verduras

Una pizca de sal marina

Pimienta negra al gusto

2 patatas peladas y cortadas en cubos

2 cucharaditas de eneldo seco

1 taza de tomates secos picados

1 libra de zanahorias en rodajas, 4 cucharadas de perejil picado

Instrucciones: Ponga el caldo en su olla de cocción lenta. Añade las judías, la cebolla, el ajo, las patatas, los tomates, las zanahorias, el eneldo, la sal y la pimienta, remueve, tapa y cocina a fuego lento durante 7 horas. Remueve la sopa, añade el perejil, divídela en cuencos y sírvela. Que aproveche.

Nutrición: calorías 250, grasa 4, fibra 3, carbohidratos 9, proteínas 10

## Deliciosas alubias al horno

Tiempo de preparación: 10 minutos

Tiempo de cocción: 12 horas

Porciones: 8

Ingredientes:

1 libra de alubias blancas, puestas en remojo la noche anterior y escurridas

1 taza de jarabe de arce

1 taza de bourbon

1 taza de salsa barbacoa vegana

1 taza de azúcar de palma

¼ de taza de ketchup

1 taza de agua

¼ de taza de mostaza

¼ de taza de melaza negra

¼ de taza de vinagre de sidra de manzana

¼ de taza de aceite de oliva

2 cucharadas de aminos de coco

Direcciones:

Ponga las judías en su olla de cocción lenta.

Añade el jarabe de arce, el bourbon, la salsa bbq, el azúcar, el ketchup, el agua, la mostaza, la melaza, el vinagre, el aceite y los aminos de coco.

Remover todo, tapar y cocinar a fuego lento durante 12 horas.

Dividir en cuencos y servir.

Que lo disfrutes.

Nutrición: calorías 430, grasa 7, fibra 8, carbohidratos 15, proteínas 19

## Lentejas indias

Tiempo de preparación: 10 minutos

Tiempo de cocción: 3 horas

Porciones: 4

Ingredientes:

1 pimiento amarillo picado

1 batata picada

2 y ½ tazas de lentejas ya cocidas

4 dientes de ajo picados

1 cebolla amarilla picada

2 cucharaditas de comino molido

15 onzas de salsa de tomate en lata

½ cucharadita de jengibre molido

Una pizca de pimienta de cayena

1 cucharada de cilantro molido

1 cucharadita de cúrcuma molida

2 cucharaditas de pimentón

2/3 de taza de caldo de verduras

1 cucharadita de garam masala

Una pizca de sal marina

Pimienta negra al gusto

Zumo de 1 limón

Direcciones:

Ponga el caldo en su olla de cocción lenta.

Añadir la patata, las lentejas, la cebolla, el ajo, el comino, el pimiento, la salsa de tomate, la sal, la pimienta, el jengibre, el cilantro, la cúrcuma, el pimentón, la cayena, el garam masala y el zumo de limón.

Revuelva, tape y cocine a fuego alto durante 3 horas.

Vuelve a remover la mezcla de lentejas, divídela en cuencos y sírvela.

Que lo disfrutes.

Nutrición: calorías 300, grasa 6, fibra 5, carbohidratos 9, proteínas 12

## Deliciosa sopa de calabaza

Tiempo de preparación: 10 minutos

Tiempo de cocción: 6 horas

Porciones: 8

Ingredientes:

1 manzana, sin corazón, pelada y picada

½ libra de zanahorias picadas

1 libra de calabaza, pelada y cortada en cubos

1 cebolla amarilla picada

Una pizca de sal marina

Pimienta negra al gusto

1 hoja de laurel

3 tazas de caldo de verduras

14 onzas de leche de coco en lata

¼ de cucharadita de salvia seca

Direcciones:

Ponga el caldo en su olla de cocción lenta.

Añadir la calabaza de manzana, las zanahorias, la cebolla, la sal, la pimienta y la hoja de laurel.

Remover, tapar y cocinar a fuego lento durante 6 horas.

Páselo a la batidora, añada la leche de coco y la salvia y pulse muy bien.

Servir en tazones y enseguida.

Que lo disfrutes.

Nutrición: calorías 200, grasas 3, fibra 6, carbohidratos 8, proteínas 10

## Increíble guiso de setas

Tiempo de preparación: 10 minutos

Tiempo de cocción: 8 horas

Porciones: 4

Ingredientes:

2 dientes de ajo picados

1 tallo de apio picado

1 cebolla amarilla picada

1 y ½ tazas de tofu firme, prensado y cortado en cubos

1 taza de agua

10 onzas de champiñones picados

1 libra de guisantes, maíz y zanahorias mezclados

2 y ½ tazas de caldo de verduras

1 cucharadita de tomillo seco

2 cucharadas de harina de coco

Una pizca de sal marina

Pimienta negra al gusto

Direcciones:

Ponga el agua y el caldo en su olla de cocción lenta.

Añade el ajo, la cebolla, el apio, los champiñones, las verduras mixtas, el tofu, el tomillo, la sal, la pimienta y la harina.

Remover todo, tapar y cocinar a fuego lento durante 8 horas.

Dividir en cuencos y servir caliente.

Que lo disfrutes.

Nutrición: calorías 230, grasa 4, fibra 6, carbohidratos 10, proteínas 7

## Plato sencillo de tofu

Tiempo de preparación: 10 minutos

Tiempo de cocción: 3 horas

Porciones: 6

Ingredientes:

1 paquete grande de tofu, cortado en cubos

1 cucharada de aceite de sésamo

¼ de taza de piña, cortada en cubos

1 cucharada de aceite de oliva

2 dientes de ajo picados

1 cucharada de vinagre de arroz integral

2 cucharaditas de jengibre rallado

¼ de taza de salsa de soja

5 calabacines grandes, cortados en cubos

¼ de taza de semillas de sésamo

Direcciones:

En su procesador de alimentos, mezcle el aceite de sésamo con la piña, el aceite de oliva, el ajo, el jengibre, la salsa de soja y el vinagre y bata bien.

Añade esto a tu olla de cocción lenta y mézclalo con los cubos de tofu.

Tapa y cocina en Alto durante 2 horas y 45 minutos.

Añade las semillas de sésamo y los calabacines, remueve suavemente, tapa y cocina a fuego alto durante 15 minutos.

Repartir en los platos y servir.

Que lo disfrutes.

Nutrición: calorías 200, grasas 3, fibra 4, carbohidratos 9, proteínas 10

## Especial Jambalaya

Tiempo de preparación: 10 minutos

Tiempo de cocción: 6 horas

Porciones: 4

Ingredientes:

6 onzas de chorizo de soja, picado

1 y ½ tazas de costillas de apio picadas

1 taza de okra

1 pimiento verde picado

16 onzas de tomates y chiles verdes enlatados, picados

2 dientes de ajo picados

½ cucharadita de pimentón

1 y ½ tazas de caldo de verduras

Una pizca de pimienta de cayena

Pimienta negra al gusto

Una pizca de sal

3 tazas de arroz salvaje ya cocido para servir

Direcciones:

Calienta una sartén a fuego medio-alto, añade el chorizo de soja, remueve, dóralo unos minutos y pásalo a tu olla de cocción lenta.

Además, añade a tu olla de cocción lenta el apio, el pimiento, la okra, los tomates y los chiles, el ajo, el pimentón, la sal, la pimienta y la cayena.

Remueve todo, añade el caldo de verduras, tapa la olla de cocción lenta y cocina a fuego lento durante 6 horas.

Reparte el arroz en los platos, cubre cada porción con tu jambalaya vegana y sirve caliente.

Que lo disfrutes.

Nutrición: calorías 150, grasas 3, fibra 7, carbohidratos 15, proteínas 9

## Deliciosa sopa de acelgas

Tiempo de preparación: 10 minutos

Tiempo de cocción: 8 horas

Porciones: 6

Ingredientes:

1 cebolla amarilla picada

1 cucharada de aceite de oliva

1 tallo de apio picado

2 dientes de ajo picados

1 zanahoria picada

1 manojo de acelgas, arrancadas

1 taza de lentejas marrones, secas

5 patatas peladas y cortadas en cubos

1 cucharada de salsa de soja

Pimienta negra al gusto

Una pizca de sal marina

6 tazas de caldo de verduras

Direcciones:

Calienta una sartén grande con el aceite a fuego medio-alto, añade la cebolla, el apio, el ajo, la zanahoria y las acelgas, remueve, cocina unos minutos y transfiere a tu olla de cocción lenta.

Además, añade las lentejas, las patatas, la salsa de soja, la sal, la pimienta y el caldo a la olla de cocción lenta, remueve, tapa y cocina a fuego lento durante 8 horas.

Dividir en cuencos y servir caliente.

Que lo disfrutes.

Nutrición: calorías 200, grasa 4, fibra 5, carbohidratos 9, proteínas 12

## Tofu chino y verduras

Tiempo de preparación: 10 minutos

Tiempo de cocción: 4 horas

Porciones: 4

Ingredientes:

14 onzas de tofu extra firme, prensado y cortado en triángulos medianos

Spray de cocina

2 cucharaditas de jengibre rallado

1 cebolla amarilla picada

3 dientes de ajo picados

8 onzas de salsa de tomate

¼ de taza de salsa hoisin

¼ de cucharadita de aminos de coco

2 cucharadas de vinagre de vino de arroz

1 cucharada de salsa de soja

1 cucharada de mostaza picante

¼ de cucharadita de pimienta roja triturada

2 cucharaditas de melaza

2 cucharadas de agua

Una pizca de pimienta negra

3 tallos de brócoli

1 pimiento verde, cortado en cuadrados

2 calabacines, cortados en cubos

Direcciones:

Calienta una sartén a fuego medio-alto, añade los trozos de tofu, dóralos durante unos minutos y pásalos a tu olla de cocción lenta.

Vuelve a calentar la sartén a fuego medio-alto, añade el jengibre, la cebolla, el ajo y la salsa de tomate, remueve, saltea durante unos minutos y pásalo también a tu olla de cocción lenta.

Añada la salsa hoisin, los aminos, el vinagre, la salsa de soja, la mostaza, la pimienta roja, la melaza, el agua y la pimienta negra, remueva suavemente, tape y cocine a fuego alto durante 3 horas. Añada los calabacines, el pimiento y el brócoli, tape y cocine a fuego alto durante 1 hora más. Repartir en los platos y servir enseguida. Que aproveche.

Nutrición: calorías 300, grasa 4, fibra 8, carbohidratos 14, proteínas 13

## Maravillosa sopa de maíz

Tiempo de preparación: 10 minutos

Tiempo de cocción: 8 horas y 30 minutos

Porciones: 6

Ingredientes:

2 tazas de cebolla amarilla picada

2 cucharadas de aceite de oliva

1 pimiento rojo picado

1 libra de patatas doradas, cortadas en cubos

1 cucharadita de comino molido

4 tazas de granos de maíz

4 tazas de caldo de verduras

1 taza de leche de almendras

Una pizca de sal

Una pizca de pimienta de cayena

½ cucharadita de pimentón ahumado

Cebolletas picadas para servir

Direcciones:

Calienta una sartén con el aceite a fuego medio, añade la cebolla, remuévela y saltéala durante 5 minutos y pásala a tu olla de cocción lenta.

Añade el pimiento, 1 taza de maíz, las patatas, el pimentón, el comino, la sal y la cayena, remueve, tapa y cocina a fuego lento durante 8 horas.

Licuar esto con una batidora de inmersión y luego mezclar con la leche de almendras y el resto del maíz.

Remover la sopa, tapar y cocer a fuego lento durante 30 minutos más.

Servir en tazones y con cebollas picadas por encima.

Que lo disfrutes.

Nutrición: calorías 200, grasa 4, fibra 7, carbohidratos 13, proteínas 16

# Guiso de guisantes negros

Tiempo de preparación: 10 minutos

Tiempo de cocción: 4 horas

Porciones: 8

Ingredientes:

3 tallos de apio picados

2 zanahorias, cortadas en rodajas

1 cebolla amarilla picada

1 batata, cortada en cubos

1 pimiento verde picado

3 tazas de guisantes de ojo negro, remojados durante 8 horas y escurridos

1 taza de puré de tomate

4 tazas de caldo de verduras

Una pizca de sal

Pimienta negra al gusto

1 chile chipotle picado

1 cucharadita de chile ancho en polvo

1 cucharadita de salvia, seca y desmenuzada

2 cucharaditas de comino molido

Cilantro picado para servir

Direcciones:

Ponga el apio en su olla de cocción lenta.

Añadir las zanahorias, la cebolla, la patata, el pimiento, los guisantes de ojo negro, el puré de tomate, la sal, la pimienta, el chile en polvo, la salvia, el chile, el comino y el caldo.

Remover, tapar y cocinar a fuego alto durante 4 horas.

Remover de nuevo el guiso, repartirlo en cuencos y servirlo con cilantro picado por encima.

Que lo disfrutes.

Nutrición: calorías 200, grasa 4, fibra 7, carbohidratos 9, proteínas 16

## Cassoulet de judías blancas

Tiempo de preparación: 10 minutos

Tiempo de cocción: 6 horas

Porciones: 4

Ingredientes:

2 tallos de apio picados

3 puerros, cortados en rodajas

4 dientes de ajo picados

2 zanahorias picadas

2 tazas de caldo de verduras

15 onzas de tomates enlatados, picados

1 hoja de laurel

1 cucharada de condimento italiano

30 onzas de alubias blancas en lata, escurridas

Para el pan rallado:

Ralladura de 1 limón

1 diente de ajo picado

2 cucharadas de aceite de oliva

1 taza de pan rallado vegano

¼ de taza de perejil picado

Direcciones:

Calentar una sartén con un chorrito del caldo de verduras a fuego medio, añadir el apio y los puerros, remover y cocinar durante 2 minutos.

Añadir las zanahorias y el ajo, remover y cocinar durante 1 minuto más.

Añade esto a tu olla de cocción lenta y mézclalo con el caldo, los tomates, la hoja de laurel, el condimento italiano y las judías.

Remover, tapar y cocinar a fuego lento durante 6 horas.

Mientras tanto, calienta una sartén con el aceite a fuego medio-alto, añade el pan rallado, la ralladura de limón, 1 diente de ajo y el perejil, remueve y tuesta durante un par de minutos.

Dividir la mezcla de alubias blancas en cuencos, espolvorear la mezcla de pan rallado por encima y servir.

Que lo disfrutes.

Nutrición: calorías 223, grasas 3, fibra 7, carbohidratos 10, proteínas 7

## Plato ligero de jaca

Tiempo de preparación: 10 minutos

Tiempo de cocción: 6 horas

Porciones: 4

Ingredientes:

40 onzas de jaca verde en salmuera, escurrida

½ taza de néctar de agave

½ taza de salsa tamari sin gluten

¼ de taza de salsa de soja

1 taza de vino blanco

2 cucharadas de jengibre rallado

8 dientes de ajo picados

1 pera, sin corazón y picada

1 cebolla amarilla picada

½ taza de agua

4 cucharadas de aceite de sésamo

Direcciones:

Ponga la jaca en su olla de cocción lenta.

Añade el néctar de agave, la salsa tamari, la salsa de soja, el vino, el jengibre, el ajo, la pera, la cebolla, el agua y el aceite.

Remover bien, tapar y cocinar a fuego lento durante 6 horas.

Dividir la mezcla de jackfruit en cuencos y servir.

Que lo disfrutes.

Nutrición: calorías 160, grasa 4, fibra 1, carbohidratos 10, proteínas 3

## Curry vegetariano

Tiempo de preparación: 10 minutos

Tiempo de cocción: 4 horas

Porciones: 4

Ingredientes:

1 cucharada de jengibre rallado

14 onzas de leche de coco en lata

Spray de cocina

16 onzas de tofu firme, prensado y cortado en cubos

1 taza de caldo de verduras

¼ de taza de pasta de curry verde

½ cucharadita de cúrcuma

1 cucharada de azúcar de coco

1 cebolla amarilla picada

1 y ½ taza de pimiento rojo picado

Una pizca de sal

¾ de taza de guisantes

1 berenjena picada

Direcciones:

Ponga la leche de coco en su olla de cocción lenta.

Añade el jengibre, el caldo, la pasta de curry, la cúrcuma, el azúcar, la cebolla, el pimiento, la sal, los guisantes y los trozos de berenjena, remueve, tapa y cocina a fuego alto durante 4 horas.

Mientras tanto, rocía una sartén con aceite en aerosol y caliéntala a fuego medio-alto.

Añade los trozos de tofu y dóralos unos minutos por cada lado.

Repartir el tofu en cuencos, añadir la mezcla de curry cocinada lentamente por encima y servir.

Que lo disfrutes.

Nutrición: calorías 200, grasa 4, fibra 6, carbohidratos 10, proteínas 9

# Hamburguesas y bocadillos

## Sándwich de garbanzos picantes

Tiempo de preparación: 10 minutos

Tiempo de cocción: 40 minutos

Porciones: 4

Ingredientes:

Pasas (.25 C.)

Hojas de espinacas (.50 C.)

Cebolla roja (.50)

Pimiento rojo (.50)

Comino molido (.50 t.)

Cúrcuma (.25 t.)

Garam Masala en polvo (1 cucharada)

Aceite de oliva (2 cucharadas)

Ajo (1)

Garbanzos (14 Oz.)

Cilantro fresco (4 cucharadas)

Sal (.25 t.)

Pan (8 rebanadas)

Direcciones:

Para empezar, querrás sacar tu batidora. Cuando esté lista, añade los garbanzos, el aceite de oliva, el zumo de un limón y el diente de ajo. Mezcla todo hasta que los ingredientes formen una pasta gruesa.

Una vez hecha la pasta de garbanzos, pásala a un bol y mezcla el comino en polvo, la cúrcuma y el curry en polvo. Remueve bien todo para asegurarte de que no hay trozos en la pasta de garbanzos.

A continuación, añada a la pasta la cebolla y el pimiento rojo picados. En este punto, también puede añadir el cilantro picado y las pasas. Si lo desea, también puede sazonar con sal y zumo de limón en este momento.

Por último, coge tu pan, unta la mezcla de garbanzos, cubre con unas hojas de espinacas y ¡disfruta de un buen sándwich lleno de proteínas!

La nutrición:

Calorías: 280 Proteínas: 8g Grasas: 8g

Carbohidratos: 48g Fibras: 8g


## Sándwich de tofu picante al horno

Tiempo de preparación: 10 minutos

Tiempo de cocción: 45 minutos

Porciones: 4

Ingredientes:

Pan integral (8)

Jarabe de arce (1 cucharada)

Pasta de miso blanco (1 cucharada)

Pasta de tomate (1 cucharada)

Humo líquido (1 pizca)

Salsa de soja (1 cucharada)

Comino (1 t.)

Pimentón (.50 t.)

Salsa de Chipotles en Adobo (1 t.)

Caldo de verduras (1 C.)

Tofu (16 Oz.)

Tomate (1)

Cebolla roja picada (.25 C.)

Tabasco (1 pizca)

Cal (1)

Comino (.25 t.)

Chili en polvo (.25 t.)

Cilantro (.25 t.)

Cilantro (.25 C.)

Aguacate (1)

Pimienta negra molida (.25 t.)

Ajo (2)

Cal (.50)

Direcciones:

Para preparar esta receta, deberá preparar el tofu la noche anterior. Para empezar, querrá prensar el tofu durante unas horas. Una vez hecho esto, corte el tofu en ocho rebanadas y colóquelas en el congelador.

Cuando esté listo, es el momento de hacer la marinada para el tofu. Para ello, coge un bol y mezcla el caldo de verduras, la pasta de tomate, el sirope de arce y todas las especias de la lista anterior. Asegúrate de removerlo todo para que las especias se extiendan por el caldo de verduras. Una vez que esté mezclado, añada las rodajas de tofu descongeladas y remójelas durante unas horas.

Una vez marinado el tofu, calienta el horno a 425 grados. Cuando el horno esté caliente, coloque el tofu en una bandeja para hornear y métalo en el horno durante veinte minutos. Al final de este tiempo, el tofu debe estar bien crujiente en la parte superior y en los bordes.

Cuando el tofu esté cocido a su gusto, colóquelo sobre las rebanadas de pan con sus ingredientes favoritos. Este sándwich se puede disfrutar frío o caliente.

La nutrición:

Calorías: 390

Proteínas: 21g

Grasa: 16g

Carbohidratos: 49g

Fibras: 11g

## **Hamburguesas de lentejas**

Tiempo de preparación: 10 minutos

Tiempo de cocción: 15 minutos

Porciones: 4

Ingredientes:

Pan rallado (2 cucharadas)

Nueces trituradas (2 cucharadas)

Salsa de soja (1 t.)

Lentejas cocidas (2 C.)

Sal (.50 t.)

Comino (.25 t.)

Levadura nutricional (.25 C.)

Direcciones:

En primer lugar, querrá cocinar sus dos tazas de lentejas. Deberá realizar esta tarea siguiendo la preparación indicada en el lateral del paquete. Una vez completado este paso, escurra las lentejas y colóquelas en un bol de tamaño medio. Cuando las lentejas estén en su lugar, tritúrelas suavemente hasta que alcancen una consistencia suave.

En este punto, querrá añadir el pan rallado, las nueces trituradas, la salsa de soja, la levadura nutricional, el comino y la sal. Asegúrese de mezclar todo y luego comience a formar sus hamburguesas. Deben ser de unas cuatro pulgadas de diámetro y sólo una pulgada de espesor.

Una vez formadas las hamburguesas, calienta una sartén mediana a fuego medio y empieza a calentarla. Una vez caliente, añada el aceite y cocine cada hamburguesa durante dos o tres minutos por cada lado. Al final, cada lado de la hamburguesa debe estar crujiente y dorado.

Por último, sírvelo en un bollo caliente con tus condimentos veganos favoritos y guarnición.

Nutrición: Calorías: 410, Proteínas: 31g, Grasas: 5g, Carbohidratos: 65g, Fibras: 33g

## Dulce hamburguesa hawaiana

Tiempo de preparación: 10 minutos

Tiempo de cocción: 15 minutos

Porciones: 4

Ingredientes:

Pan rallado Panko (1 C.)

Alubias rojas (14 oz.)

Aceite vegetal (1 T.)

Boniato en dados (1,50 c.)

Ajo picado (1)

Salsa de soja (2 cucharadas)

Vinagre de sidra de manzana (3 cucharadas)

Jarabe de arce (.50 C.)

Agua (.50 C.)

Pasta de tomate (.50 C.)

Anillos de piña (4)

Sal (.25 t.)

Pimienta (.25 t.)

Cayena (.10 t.)

Comino molido (1,50 t.)

Panes de hamburguesa (4)

Opcional: Cebolla roja, tomate, lechuga, mayonesa vegana

Direcciones:

En primer lugar, debes calentar el horno a 400 grados. Mientras el horno se calienta, coge el boniato y métalo en aceite. Una vez completado este paso, coloca los trozos de boniato en una sola capa en una bandeja para hornear. Una vez hecho esto, mete la bandeja en el horno y cocina durante unos veinte minutos. A mitad de camino, dar la vuelta a los trozos para asegurarse de que el boniato se cocine por completo. Una vez hecho esto, retire la bandeja del horno y deje que el boniato se enfríe un poco.

A continuación, saca tu procesador de alimentos. Cuando esté listo, añada las judías, los boniatos, el pan rallado, la cayena, el comino, la salsa de soja, el ajo y los trozos de cebolla. Una vez en su sitio, comience a pulsar los ingredientes hasta que tenga una mezcla finamente picada. Mientras lo hace, sazone la "masa" con pimienta y sal al gusto. Ahora, forme la masa en cuatro hamburguesas.

Cuando las hamburguesas estén formadas, comience a calentar una sartén grande a fuego medio. A medida que la sartén se calienta, coloque el aceite y luego ase cada lado de las hamburguesas. Normalmente, esto tomará de cinco a seis minutos en cada lado. Sabrá que la hamburguesa está bien cocinada cuando esté dorada por cada lado.

Ahora sólo tienes que montar tu hamburguesa. Si quieres, prueba a hornear los anillos de piña: ¡tres minutos por cada lado deberían ser suficientes! Cubre tu hamburguesa con lechuga, tomate y mayonesa vegana para darle más sabor.

La nutrición:

Calorías: 460

Proteínas: 15g

Grasa: 12g

Carbohidratos: 80g

Fibras: 6g

## Hamburguesas de tofu y vegetales

Tiempo de preparación: 20 minutos

Tiempo de cocción: 8 minutos

Raciones: 2

Ingredientes

Patties

½ taza de tofu firme, prensado y escurrido

1 zanahoria mediana, pelada y rallada

1 cucharada de cebolla picada

1 cucharada de cebolleta picada

1 cucharada de perejil fresco picado

½ diente de ajo, picado

2 cucharaditas de salsa de soja baja en sodio

1 cucharada de harina de maíz

1 cucharadita de copos de levadura nutricional

½ cucharadita de mostaza de Dijon

1 cucharadita de pimentón

¼ de cucharadita de cúrcuma molida

½ cucharadita de pimienta negra molida

2 cucharadas de aceite de canola

Para servir

1 aguacate pequeño, pelado, sin hueso y en rodajas

½ taza de tomates cherry, cortados por la mitad

2 tazas de verduras frescas

Cómo prepararse

Para las hamburguesas: en un bol, añadir el tofu y con un tenedor, aplastar bien.

Añadir el resto de los ingredientes (excepto el aceite) y mezclar hasta que estén bien combinados.

Hacer 4 hamburguesas del mismo tamaño con la mezcla.

Calentar el aceite en una sartén a fuego lento y cocinar las hamburguesas durante unos 4 minutos por lado.

Repartir el aguacate, los tomates y las verduras en los platos.

Cubrir cada plato con 2 hamburguesas y servir.

Nutrición

Calorías 342 Grasas totales 28,5 g Grasas saturadas 4 g

Colesterol 0 mg Sodio 335 mg Carbohidratos totales 17,7 g

Fibra 7,7 g Azúcar 4,5 g Proteínas 10 g

## Hamburguesas de trigo sarraceno

Tiempo de preparación: 20 minutos

Tiempo de cocción: 45 minutos

Tiempo total: 1 hora y 5 minutos

Raciones: 2

Ingredientes

Patties

¾ de taza de trigo sarraceno seco

1½ tazas de agua

Sal, al gusto

2 cucharadas de aceite de oliva, divididas

½ cebolla amarilla grande, picada finamente

½ zanahoria grande, pelada y rallada

½ tallo de apio, picado finamente

1 hoja de col rizada fresca, sin las costillas duras y picada finamente

1 boniato grande cocido, triturado

2 cucharadas de mantequilla de almendras

2 cucharadas de salsa de soja baja en sodio

Para servir

3 tazas de verduras frescas

1 taza de tomates cherry cortados por la mitad

1 taza de col morada, rallada

1 pimiento amarillo, sin semillas y en rodajas

Cómo prepararse

Precalentar el horno a 350ºF y forrar una bandeja para hornear con papel pergamino.

Para las empanadas: calentar una sartén antiadherente a fuego medio y tostar el trigo sarraceno durante unos 5 minutos, removiendo continuamente.

Añadir el agua y la sal y llevar a ebullición a fuego fuerte.

Reduzca el fuego a bajo y cocine, tapado, durante unos 15 minutos o hasta que se haya absorbido toda el agua.

Mientras tanto, calentar 1 cucharada de aceite en una sartén a fuego medio y rehogar la cebolla durante unos 4-5 minutos.

Añadir la zanahoria y el apio y cocinar durante unos 5 minutos.

Incorporar el resto de los ingredientes y retirar del fuego.

Pasar la mezcla a un bol con el trigo sarraceno y remover para combinar.

Dejar que se enfríe por completo.

Hacer 4 hamburguesas del mismo tamaño con la mezcla.

Coloque las hamburguesas en la bandeja de horno preparada en una sola capa y hornee durante unos 20 minutos por lado.

Repartir las verduras, los tomates, la col y el pimiento en los platos de servicio.

Poner en cada plato 2 hamburguesas y servir

Nutrición

Calorías 588 Grasas totales 25,2 g Grasas saturadas 3,1 g

Colesterol 0 mg Sodio 1000 mg Carbohidratos totales 84,8 g

Fibra 15,4 g Azúcar 16,4 g Proteínas 16,7 g

# Recetas para la cena

## Tofu al curry verde

Tiempo de preparación: 10 minutos

Tiempo de cocción: 15 minutos

Porciones: 1

Ingredientes:

Zumo de lima (1 cucharada)

Salsa Tamari (1 cucharada)

Castañas de agua (8 oz.)

Judías verdes (1 C.)

Sal (.50 t.)

Caldo de verduras (.50 C.)

Leche de coco (14 oz.)

Garbanzos (1 C.)

Pasta de curry verde (3 cucharadas)

Edamame congelado (1 C.)

Dientes de ajo (2)

Jengibre (1 pulgada)

Aceite de oliva (1 t.)

Cebolla picada (1)

Tofu extrafuerte (8 oz.)

Arroz Basmati Integral (1 C.)

Direcciones:

Para empezar, querrá cocinar su arroz según la preparación del paquete. Puede hacerlo en una olla arrocera o simplemente en la parte superior de la estufa.

A continuación, prepara el tofu. Puedes sacar el tofu del paquete y colocarlo en un plato. Una vez colocado, pon otro plato encima y algo pesado para poder empezar a escurrir el tofu. Una vez preparado el tofu, córtalo en cubos de media pulgada.

A continuación, coge una sartén de tamaño medio y ponla a fuego medio. Mientras la sartén se calienta, pon el aceite de oliva. Cuando el aceite de oliva empiece a chisporrotear, añada las cebollas y cocínelas hasta que adquieran un bonito color translúcido. Normalmente, este proceso durará unos cinco minutos. Cuando las cebollas estén listas, añade el ajo y el jengibre. Con ellos, cocine los ingredientes durante otros dos o tres minutos.

Una vez realizado este último paso, añade la pasta de curry y el edamame. Cocina estos dos ingredientes hasta que el edamame deje de estar congelado.

Con esto listo, ahora añadirás el tofu en cubos, los garbanzos, el caldo de verduras, la leche de coco y la sal. Cuando todo esté en su sitio, pon la olla a hervir a fuego lento. A continuación, añade las castañas de agua y las judías verdes y cocina durante un total de cinco minutos.

Cuando todos los ingredientes estén cocidos, puedes retirar la sartén del fuego y repartir la comida en cuencos. Para darle más sabor, prueba a añadir tamari, zumo de lima o salsa de soja. Esta receta es excelente servida sobre arroz o cualquier otra guarnición.

Nutrición: Calorías: 760, Proteínas: 23g, Grasas: 38g

Carbohidratos: 89g, Fibras: 9g

## Guiso proteico de cacahuetes africano

Tiempo de preparación: 10 minutos

Tiempo de cocción: 30 minutos

Porciones: 4

Ingredientes:

Arroz Basmatl (1 paquete)

Cacahuetes tostados (.25 C.)

Espinacas pequeñas (2 c.)

Garbanzos (15 Oz.)

Chili en polvo (1,50 t.)

Caldo de verduras (4 C.)

Mantequilla de cacahuete natural (.33 C.)

Pimienta (.25 t.)

Sal (.25 t.)

Tomates en cubos (28 oz.)

Batata picada (1)

Jalapeño picado (1)

Pimiento rojo en dados (1)

Cebolla dulce (1)

Aceite de oliva (1 t.)

Direcciones:

En primer lugar, querrá cocinar la cebolla. Para ello, calienta el aceite de oliva en una cacerola grande a fuego medio. Una vez que el aceite de oliva esté chisporroteando, añada la cebolla y cocínela durante unos cinco minutos. La cebolla se volverá translúcida cuando esté bien cocida.

Una vez hecha la cebolla, añada los tomates enlatados, el boniato cortado en dados, el jalapeño y los pimientos. Cocine todos estos ingredientes a fuego medio o alto durante unos cinco minutos. Si lo desea, puede sazonar estas verduras con sal y pimienta.

Mientras las verduras se cocinan, querrás hacer tu salsa. Para ello, coge un bol y mezcla una taza de caldo de verduras con la mantequilla de cacahuete. Asegúrate de mezclar bien para que no queden grumos. Una vez hecho esto, vierta la salsa en la cacerola junto con tres tazas más de caldo de verduras. En este punto, querrá sazonar el plato con cayena y chile en polvo.

A continuación, tape la sartén y reduzca a fuego lento. Deja que estos ingredientes se cocinen a fuego lento durante unos diez o veinte minutos. Al final de este tiempo, el boniato debería estar bien tierno.

Por último, añada las espinacas y los garbanzos. Remueva todo para que se mezcle. Se debe cocinar este plato hasta que las espinacas comiencen a marchitarse. Una vez más, puede añadir sal y pimienta según sea necesario.

Por último, sirve el plato sobre el arroz, adórnalo con cacahuetes y disfrútalo.

La nutrición:

Calorías: 440

Proteínas: 16g

Grasa: 13g

Carbohidratos: 69g

Fibras: 12g

## Ensalada tailandesa de fideos de calabacín

Tiempo de preparación: 10 minutos

Tiempo de cocción: 35 minutos

Porciones: 4

Ingredientes:

Cacahuetes (.50 C.)

Salsa de cacahuete (.50 C.), Agua (2 T.)

Tofu extrafuerte (.50 Block)

Cebollas verdes picadas (.25 C.)

Zanahoria en espiral (1), Calabacín en espiral (3)

Instrucciones: En primer lugar, usted va a querer crear su salsa de cacahuetes. Para ello, tome un tazón pequeño y mezcle lentamente su salsa de maní con agua. Deberá agregar una cucharada a la vez para lograr el espesor que desea. A continuación, combina todos los ingredientes anteriores, menos los cacahuetes, en un bol grande. Una vez que todo esté en su sitio, añada el aderezo de la ensalada y mezcle todo para asegurar una cobertura uniforme. Por último, espolvorea los cacahuetes por encima y ¡ya está listo!

Nutrición: Calorías: 200, Proteínas: 13g, Grasas: 13g, Carbohidratos: 11g, Fibras: 5g

## Estofado de guisantes y coliflor

Tiempo de preparación: 10 minutos

Tiempo de cocción: 60 minutos

Porciones: 4

Ingredientes:

Cebollas verdes (.25 C.)

Cilantro picado (.25 C.)

Sal (1,50 t.)

Garam Masala (1 t.)

Vinagre de sidra de manzana (2 t.)

Leche de coco ligera (15 oz.)

Caldo de verduras (2 C.)

Cúrcuma molida (1 t.)

Curry en polvo (3 t.)

Ajo picado (6)

Zanahorias picadas (2)

Cebolla picada (1)

Semillas de comino (1 t.)

Semillas de mostaza (1 t.)

Hojas de espinacas (3 C.)

Coliflor picada (1)

Guisantes partidos cocidos (2 c.)

Direcciones:

Antes de empezar a cocinar esta receta, querrá preparar sus guisantes partidos de acuerdo con la preparación de su paquete.

Una vez que los guisantes estén cocidos, precaliente el horno a 375 grados. Una vez caliente, coloque los trozos de coliflor picados en una bandeja para hornear y métalos en el horno durante diez o quince minutos. Al final, la coliflor debería estar tierna y ligeramente dorada.

A continuación, coloca una olla grande en el fuego y ponla a temperatura media. Mientras se calienta la olla, añada el aceite, las semillas de comino y las de mostaza. En sesenta segundos, las semillas empezarán a saltar. Asegúrese de remover los ingredientes con frecuencia para que no se quemen.

Ahora que las semillas y el aceite están calientes, puedes añadir la cebolla, el ajo, el jengibre y las zanahorias picadas. Cocínalos durante cinco minutos o hasta que la zanahoria y la cebolla estén bien blandas. Una vez que estén blandas, puedes añadir la cúrcuma y el curry en polvo. Asegúrate de mezclar todo con cuidado para que las verduras queden bien cubiertas.

Después de dejar que las verduras se impregnen de las especias durante un minuto, añada la leche de coco, los guisantes partidos y el caldo de verduras. En este momento, baja el fuego a bajo y tapa la olla. Deja que todos los ingredientes se cocinen a fuego lento durante unos veinte minutos. Mientras todo se cocina, asegúrate de remover la olla de vez en cuando para que nada se pegue al fondo.

Por último, añada el garam masala, el vinagre de manzana y la coliflor asada. Si es necesario, también puede añadir sal al gusto. Cuando estos ingredientes estén en su sitio, deja que el guiso se cocine a fuego lento durante unos diez minutos más.

Como toque final, no dudes en cubrir tu guiso con cebollas verdes y cilantro picado para darle más sabor.

Nutrición: Calorías: 700, Proteínas: 31g, Grasas: 31g, Carbohidratos: 84g, Fibras: 34g

## Chili de judías negras y calabaza

Tiempo de preparación: 10 minutos

Tiempo de cocción: 15 minutos

Porciones: 4

Ingredientes:

Garbanzos (1 lata)

Frijoles negros (1 lata)

Caldo de verduras (1 C.)

Tomates (1 C.)

Puré de calabaza (1 C.)

Cebolla picada (1)

Aceite de oliva (1 cucharada)

Chili en polvo (2 cucharadas)

Comino en polvo (1 cucharada)

Sal (.25 t.)

Pimienta (.25 t.)

Direcciones:

Para comenzar, debes colocar una olla grande a fuego medio. Cuando la olla se caliente, coloque el aceite de oliva, el ajo y la cebolla picada en el fondo. Deja que esta mezcla se cocine durante unos cinco minutos o hasta que la cebolla esté blanda.

Llegados a este punto, querrás añadir los garbanzos, las alubias negras, el caldo de verduras, los tomates en conserva y la calabaza. Si no tienes caldo de verduras a mano, también puedes utilizar agua.

Con los ingredientes en su sitio, añada la mitad del chile en polvo, la mitad del comino y la sal y la pimienta según su gusto. Una vez que las especias estén en su sitio, pruebe el chile rápidamente y añada más si es necesario.

Ahora, pon la olla a hervir y remueve todos los ingredientes para asegurarte de que las especias se reparten uniformemente por todo el plato.

Por último, pon la olla a fuego lento y cocina todo durante unos veinte minutos. Cuando hayan pasado los veinte minutos, retira la olla del fuego y ¡a disfrutar!

Nutrición: Calorías: 390, Proteínas: 19g, Grasas: 8g, Carbohidratos: 65g, Fibras: 21g

## Sopa de Tofu Matcha

Tiempo de preparación: 10 minutos

Tiempo de cocción: 55 minutos

Porciones: 4

Ingredientes:

Caldo de verduras (.5 0 C.)

Tofu extrafuerte (1 paquete)

Leche de coco light (13.5 Oz.)

Col rizada (5 C.)

Ajo en polvo (.25 t.)

Pimentón ahumado (.25 t)

Pimienta negra molida (.25 t.)

Mirin (1 t.)

Salsa de soja (2 cucharadas)

Cilantro (1 C.)

Matcha en polvo (2 t.)

Caldo de verduras (4 C.)

Pimienta negra molida (.25 t.)

Pimienta de Cayena (.25 t.)

Ajo (1 t.)

Ajo picado (3)

Patata picada (1)

Cebolla picada (1)

Direcciones:

Para empezar, se coloca una olla grande a fuego medio. Mientras la olla se calienta, añade un chorrito de caldo de verduras en el fondo y empieza a cocinar la patata y la cebolla picadas. Normalmente, tardarán entre ocho y diez minutos en estar blandas. Cuando las verduras estén listas, puedes añadir la pimienta negra, la pimienta de cayena, el jengibre y el ajo. Saltea estos ingredientes durante un minuto más.

Cuando estas verduras estén preparadas, puedes añadir la col rizada y cocinarla unos minutos más. Una vez que la col rizada empiece a marchitarse, añade el resto del caldo de verduras y lleva la sopa a ebullición. Una vez hirviendo, reduce el fuego, tapa la olla y cocina a fuego lento todos los ingredientes durante treinta minutos. Después de quince minutos, retira la tapa para poder añadir el matcha y el cilantro.

Una vez transcurridos los treinta minutos, retira la olla del fuego y deja que la sopa se enfríe un poco. Una vez fría, pon la mezcla en una batidora y añade suavemente la leche de coco. Bate la sopa a velocidad alta hasta conseguir una consistencia sedosa y suave para la sopa.

Por último, cocine el tofu según sus preferencias. Asegúrate de cortar el tofu en cubos y dorarlo por todos los lados. Una vez cocido, coloca el tofu en tu sopa y ¡disfruta!

Nutrición: Calorías: 450, Proteínas: 20g, Grasas: 32g, Carbohidratos: 27g, Fibras: 7g

### Sopa de boniato y tomate

Tiempo de preparación: 10 minutos

Tiempo de cocción: 15 minutos

Porciones: 4

Ingredientes:

Agua o caldo de verduras (1 L.)

Puré de tomate (2 cucharadas)

Ajo (3)

Cebolla picada (1)

Lentejas rojas (1 C.)

Zanahorias picadas (3)

Batata picada (1)

Sal (.25 t.)

Pimienta (.25 t.)

Jengibre (.50 t.)

Chili en polvo (.50 t.)

Direcciones:

En primer lugar, vamos a preparar las verduras para esta receta. Para ello, precalentaremos el horno a 350 grados. Mientras el horno se calienta, querrás pelar y cortar el boniato y las zanahorias. Una vez preparados, colóquelos en una bandeja de horno y rocíelos con aceite de oliva. También puedes añadir sal y pimienta si lo deseas. Cuando estén listas, mete la bandeja en el horno durante cuarenta minutos. Al final, las verduras deben estar bien y blandas.

Mientras el boniato y las zanahorias se cuecen en el horno, pon una sartén mediana a fuego medio y empieza a cocinar el ajo y la cebolla. Después de cinco minutos más o menos, querrás añadir las lentejas cocidas, el tomate y las especias de la lista anterior. Al final, las lentejas deberían estar blandas.

Por último, se añaden todos los ingredientes a la batidora y se trituran hasta que la sopa quede perfectamente homogénea.

La nutrición:

Calorías: 350 Proteínas: 16g

Grasa: 11g Carbohidratos: 48g Fibras: 19g

## Sándwich de tofu picante al horno

Tiempo de preparación: 10 minutos

Tiempo de cocción: 45 minutos

Porciones: 4

Ingredientes:

Pan integral (8)

Jarabe de arce (1 cucharada)

Pasta de miso blanco (1 cucharada)

Pasta de tomate (1 cucharada)

Humo líquido (1 pizca)

Salsa de soja (1 cucharada)

Comino (1 t.)

Pimentón (.50 t.)

Salsa de Chipotles en Adobo (1 t.)

Caldo de verduras (1 C.)

Tofu (16 Oz.)

Tomate (1)

Cebolla roja picada (.25 C.)

Tabasco (1 pizca)

Cal (1)

Comino (.25 t.)

Chili en polvo (.25 t.)

Cilantro (.25 t.)

Cilantro (.25 C.)

Aguacate (1)

Pimienta negra molida (.25 t.)

Ajo (2)

Cal (.50)

Direcciones:

Para preparar esta receta, deberás preparar el tofu la noche anterior. Para empezar, querrá prensar el tofu durante unas horas. Una vez hecho esto, corta el tofu en ocho rebanadas y colócalas en el congelador.

Cuando esté listo, es el momento de hacer la marinada para el tofu. Para ello, coge un bol y mezcla el caldo de verduras, la pasta de tomate, el sirope de arce y todas las especias de la lista anterior. Asegúrate de removerlo todo para que las especias se extiendan por el caldo de verduras. Una vez que esté mezclado, añada las rodajas de tofu descongeladas y remójelas durante unas horas.

Una vez marinado el tofu, calienta el horno a 425 grados. Cuando el horno esté caliente, coloque el tofu en una bandeja para hornear y métalo en el horno durante veinte minutos. Al final de este tiempo, el tofu debe estar bien crujiente en la parte superior y en los bordes.

Cuando el tofu esté cocido a su gusto, colóquelo sobre las rebanadas de pan con sus ingredientes favoritos. Este sándwich se puede disfrutar frío o caliente.

La nutrición:

Calorías: 390

Proteínas: 21g

Grasa: 16g

Carbohidratos: 49g

Fibras: 11g

## Salteado de verduras

Tiempo de preparación: 10 minutos

Tiempo de cocción: 45 minutos

Raciones: Tres

Ingredientes:

Calabacín (.50)

Pimiento rojo (.50)

Brócoli (.50)

Col roja (1 C.)

Arroz integral (.50 C.)

Salsa Tamari (2 cucharadas)

Pimiento rojo (1)

Perejil fresco (.25 t.)

Ajo (4)

Aceite de oliva (2 cucharadas)

Opcional: Semillas de sésamo

Direcciones:

Para empezar, querrás cocer tu arroz integral según las instrucciones que vienen en el paquete. Una vez hecho este paso, coloca el arroz integral en un bol y déjalo a un lado.

A continuación, coge una sartén y pon un poco de agua en el fondo. Ponga la sartén a fuego medio y luego añada las verduras picadas. Una vez en su lugar, cocine las verduras durante cinco minutos o hasta que estén tiernas.

Cuando las verduras estén bien cocidas, añada el perejil, la cayena y el ajo. Se debe cocinar esta mezcla durante un minuto más o menos. Asegúrese de remover los ingredientes para que nada se pegue en el fondo de la sartén.

Ahora, añade el arroz y el tamari a la sartén. Cocinarás esta mezcla durante unos minutos más o hasta que todo esté caliente.

Para darle más sabor, prueba a añadir semillas de sésamo antes de disfrutar de la comida. Si te sobra algo, puedes conservar este salteado en un recipiente cerrado durante unos cinco días en la nevera.

La nutrición:

Calorías: 280 Proteínas: 10g

Grasa: 12g Carbohidratos: 38g Fibras: 6g

## Sopa cremosa de tomate y lentejas

Tiempo de preparación: 10 minutos

Tiempo de cocción: 35 minutos

Porciones: 4

Ingredientes:

1 cebolla amarilla mediana, picada

2 hojas de laurel

½ cucharadita de sal marina

½ cucharadita de pimienta negra

3 tomates medianos, picados

1/3 de taza de leche de coco

1/3 de taza de pasta de tomate

1 taza de lentejas mixtas

1 taza de caldo de verduras

1 cucharadita de pimentón

3 cucharadas de aceite de oliva

Método:

Calentar el aceite en una olla mediana y, una vez caliente, añadir la cebolla. Cocínela durante 5 minutos o hasta que se ablande. Añada las lentejas, el pimentón y las hojas de laurel a la olla y cocine durante 2 minutos o hasta que estén fragantes. Añade la pasta de tomate, el caldo de verduras y el tomate picado. Llevar la mezcla de caldo a ebullición y dejarla cocer de 15 a 20 minutos. Consejo: añadir agua si parece que está seco. Pruebe para sazonar y añada más sal y pimienta si es necesario.

Antes de servirlo, vierta la leche de coco por encima. Sírvela caliente. Consejo: También puede licuar en una batidora de alta velocidad para obtener una sopa más suave.

Información nutricional por ración: Calorías: 346Kcal

Proteínas: 15g Carbohidratos: 42g Grasa: 15g

## Chili Carne

Tiempo de preparación: 10 minutos

Tiempo de cocción: 40 minutos

Porciones: 6

Ingredientes:

2 tallos de apio, picados finamente

Sal y pimienta, al gusto

2 cucharadas de aceite

1 cucharadita de chile en polvo

2 zanahorias picadas

3 ½ oz. de lentejas rojas partidas

3 dientes de ajo picados

14 oz. de carne picada de soja

1 cebolla roja grande, cortada en rodajas finas

14 oz. de alubias rojas, escurridas y lavadas

1 cucharadita de comino molido

2 pimientos rojos, picados finamente

1 ¾ lb. de tomates picados

1 taza de caldo de verduras

Método:

Calentar el aceite en una sartén grande.

Cuando el aceite esté caliente, añada la cebolla, los pimientos, el ajo, la zanahoria y el apio, y saltéelos durante 3 minutos o hasta que se ablanden.

Añada el comino, el chile en polvo, la pimienta y la sal. Mezclar.

Añadir los tomates picados, la carne picada de soja, el caldo de verduras, las alubias y las lentejas. Combinar bien.

Llevar la mezcla a fuego lento.

Pruebe la sazón y añada más sal y pimienta si es necesario.

Servir caliente.

Consejo: Acompáñalo con arroz basmati y un chorrito de zumo de lima.

Información nutricional por ración: Calorías: 340Kcal

Proteínas: 25g Carbohidratos 42g Grasa: 8g

## Guiso de lentejas mexicano

Tiempo de preparación: 10 minutos

Tiempo de cocción: 45 minutos

Porciones: 6

Ingredientes:

½ cucharadita de sal

1 cebolla amarilla, cortada en dados

8 tazas de caldo de verduras

1 aguacate, cortado en dados

2 zanahorias, peladas y cortadas en dados

2 tazas de lentejas (preferiblemente verdes) lavadas

1 pimiento rojo, cortado en dados

2 cucharadas de aceite de oliva virgen extra

1 cucharada de comino

2 tallos de apio, cortados en dados

Cilantro, según sea necesario, para decorar

3 dientes de ajo picados

¼ cucharadita de pimentón ahumado

2 × 4 oz. de chile verde picado

1 cucharadita de orégano

2 tazas de tomates picados

Método:

Hay que calentar el aceite en una olla grande a fuego medio.

Cuando el aceite esté caliente, añada el pimiento, la cebolla, el apio y la zanahoria.

Saltéelas durante 4 o 5 minutos o hasta que se ablanden.

A continuación, añada el ajo, el orégano, el comino y el pimentón. Mezclar y cocinar durante un minuto.

Añada las lentejas, los tomates, el chile, el caldo y la sal. Llevar la mezcla a ebullición.

Cocer a fuego lento el guiso de 30 a 40 minutos o hasta que las lentejas estén tiernas. Mantener la tapa inclinada.

Pruebe la sazón y añada más sal y pimienta si es necesario.

Sírvelo caliente.

Sugerencia: Cubra con cilantro y rodajas de aguacate.

Información nutricional por ración:

Calorías: 429Kcal

Proteínas: 25,1g

Carbohidratos: 51.9g

Grasa: 14,2g

## Pastel de carne con lentejas

Tiempo de preparación: 10 minutos

Tiempo de cocción: 45 minutos

Raciones: 4 a 6

Ingredientes:

1 taza de lentejas verdes

½ cucharadita de sal

2 tazas de agua

1 cucharadita de albahaca seca

¼ de cucharadita de pimienta

1 cucharadita de aceite de oliva

1 cucharadita de ajo en polvo

2 cucharadas de semillas de lino

4 cucharadas de agua

1 taza de salsa de tomate

1 cebolla amarilla, cortada en dados

1 taza de avena cortada de acero normal

1 cucharadita de perejil seco

¼ de taza de salsa BBQ

2 cucharadas de ketchup

Método:

Hervir agua en una olla a fuego medio-alto.

Una vez hirviendo, añadir las lentejas y cocerlas durante 30 minutos o hasta que estén cocidas. Escurrir el agua y triturar las lentejas ligeramente. Pasarlas a un cuenco y dejarlas enfriar. Combinar la linaza con el agua en otro cuenco y reservar durante 15 minutos. Calentar el aceite en una sartén mediana a fuego medio.

Incorporar la cebolla y cocinarla durante 4 o 5 minutos o hasta que se ablande. A continuación, añada la cebolla y la avena a las lentejas junto con el resto de los ingredientes, excepto la salsa barbacoa y el ketchup. Remover bien hasta que todo se integre. Pasar la masa a un molde de pan bien engrasado y alisar la parte superior. Colocar la salsa de tomate y la salsa barbacoa por encima. Hornea de 43 a 45 minutos a 350°F o hasta que esté dorado y firme. Consejo: Cubra con salsa BBQ adicional si lo desea.

Información nutricional por ración: Calorías: 987Kcal

Proteínas: 34g Carbohidratos 165g Grasa: 26g

## Sopa de judías negras

Tiempo de preparación: 10 minutos

Tiempo de cocción: 25 minutos

Porciones: 6

Ingredientes:

4 tazas de frijoles negros, cocidos

1 cebolla mediana, cortada en dados

14 ½ oz. de tomates picados

2 dientes de ajo picados

4 tazas de caldo de verduras

1 cucharadita de comino

1 pimiento rojo, cortado en dados

½ cucharadita de orégano seco

½ cucharadita de sal

½ cucharadita de pimentón ahumado

Método:

Comienza calentando una olla a fuego medio-alto.

Cuando esté caliente, añada la cebolla, el pimiento rojo y el ajo junto con ¼ de taza de agua.

Cocinar durante 6 minutos o hasta que las verduras se hayan ablandado

Añada el condimento y cocine durante otros 2 minutos

Añade las alubias, el caldo de verduras y el tomate a la barbacoa. Combine.

Llevar la mezcla de caldo a ebullición y bajar el fuego a fuego lento.

Déjelo cocer a fuego lento durante 20 minutos.

Por último, vierta la sopa en una batidora de alta velocidad.

Sugerencia: Cubra con más salsa barbacoa.

Información nutricional por ración:

Calorías: 987Kcal

Proteínas: 34g

Carbohidratos: 165g

## Pasta con setas

Tiempo de preparación: 10 minutos

Tiempo de cocción: 30 minutos

Porciones: 6

Ingredientes:

2 cebollas verdes, cortadas en rodajas finas

12 oz. de champiñones mixtos, cortados en rodajas finas

1 lb. de linguini

3 dientes de ajo, picados finamente

½ cucharadita de sal

¼ de taza de levadura nutricional

6 cucharadas de aceite

¾ cucharadita de pimienta negra molida

Método:

Cocer los linguini siguiendo las instrucciones del paquete.

Una vez cocida la pasta, reservar ¾ de taza del agua de la pasta. Escurre el agua restante y pasa la pasta cocida a una olla.

Poner el aceite en una cacerola grande y calentarlo a fuego medio-alto.

Incorporar las setas y el ajo.

Saltear durante 4 minutos o hasta que las setas estén tiernas. Remover con frecuencia.

Combine las setas con el linguini, la levadura nutricional, la sal, la pimienta y ¾ de taza de agua. Mezcle hasta que todo se una.

Adórnalo con cebollas verdes. Consejo: Puedes probar a añadir pimientos a este plato.

Información nutricional por ración: Calorías: 430Kcal

Proteínas: 15g Carbohidratos: 62g Grasa: 15g

## Pasta Alfredo al limón

Tiempo de preparación: 10 minutos

Tiempo de cocción: 35 minutos

Porciones: 4

Ingredientes:

3 cucharadas de almendras, escaldadas y cortadas en rodajas

12 oz. de pasta sin huevo

1 cucharadita de ralladura de limón, finamente rallada

2 tazas de leche de almendras, sin endulzar

2 cucharadas de aceite de oliva virgen extra

4 oz. de queso crema de soja

3 dientes de ajo picados

Sal y pimienta negra, según sea necesario

3 cucharadas de levadura nutricional más para decorar

½ taza de perejil fresco picado

Método:

Cocer la pasta en una olla con agua hirviendo a fuego medio-alto siguiendo las instrucciones del paquete. Escurrir el agua, reservando 1 taza del agua de la pasta.

Poner en la batidora la levadura nutricional, ¼ de cucharadita de pimienta, la leche de almendras, una cucharadita de sal, el queso crema de soja y las almendras.

Licuar durante 2 minutos o hasta que esté suave.

Ponga el aceite y el ajo en una sartén grande y caliéntelo a fuego medio-alto.

Cocinar durante un minuto o hasta que el ajo sea aromático.

Incorporar la mezcla de leche de almendras junto con ½ taza del agua de la pasta reservada.

Llevar la mezcla a un hervor suave y dejarla cocer a fuego lento de 6 a 8 minutos o hasta que esté espesa y cremosa. Retire la sartén del fuego y añada la pasta. Mezclar bien. Consejo: Si parece demasiado espesa, añadir un poco de agua. Pasar la mezcla a los cuencos de servir y decorar con perejil y levadura nutricional. Consejo: En lugar de almendras, también se pueden utilizar nueces.

Información nutricional por ración: Calorías: 520Kcal

Proteínas: 22g Carbohidratos 74g Grasa: 15g

# Postres y aperitivos

## Barras de pan de plátano y nueces

Tiempo de preparación: 5 minutos

Tiempo de cocción: 30 minutos

Porciones: 9 barras

Ingredientes

Spray antiadherente para cocinar (opcional)

2 plátanos grandes y maduros

1 cucharada de jarabe de arce

½ cucharadita de extracto de vainilla

2 tazas de copos de avena a la antigua usanza

½ cucharadita de sal

¼ de taza de nueces picadas

Direcciones:

Precalentar el horno a 350ºf. Cubre ligeramente un molde para hornear de 9 por 9 pulgadas con spray antiadherente para cocinar (si lo usas) o forra con papel pergamino para hornear sin aceite.

En un cuenco mediano, machacar los plátanos con un tenedor. Añadir el jarabe de arce y el extracto de vainilla y mezclar bien. Añadir la avena, la sal y las nueces, mezclando bien.

Transfiera la masa al molde y hornee de 25 a 30 minutos, hasta que la parte superior esté crujiente. Deje enfriar completamente antes de cortar en 9 barras. Pasarlas a un recipiente hermético o a una bolsa de plástico grande.

Nutrición (1 barrita): calorías: 73; grasas: 1g; proteínas: 2g; hidratos de carbono: 15g; fibra: 2g; azúcar: 5g; sodio: 129mg

### Rollos de limón, coco y cilantro

Tiempo de preparación 30 minutos Tiempo de enfriamiento: 30 minutos

Porciones: 16 piezas

Ingredientes

½ taza de cilantro fresco picado

1 taza de brotes (trébol, alfalfa)

1 diente de ajo prensado

2 cucharadas de nueces de Brasil o almendras molidas

2 cucharadas de coco laminado

1 cucharada de aceite de coco

Una pizca de pimienta de cayena

Una pizca de sal marina

Una pizca de pimienta negra recién molida

Ralladura y zumo de 1 limón

2 cucharadas de linaza molida

1 o 2 cucharadas de agua

2 wraps de trigo integral o de maíz

Direcciones:

Ponga todo menos las envolturas en un procesador de alimentos y pulse para combinar. O combine los ingredientes en un bol grande. Añadir el agua, si es necesario, para ayudar a la mezcla a unirse.

Extiende la mezcla sobre cada envoltorio, enróllalo y métalo en la nevera durante 30 minutos para que se cuaje.

Saque los panecillos de la nevera y córtelos en 8 trozos para servirlos como aperitivo o como acompañamiento de una sopa o un guiso.

Consiga el mejor sabor comprando nueces de Brasil o almendras enteras y crudas, tostándolas ligeramente en una sartén seca o en el horno tostador, y moliéndolas después en un molinillo de café.

Nutrición (1 pieza) calorías: 66; grasa total: 4g; carbohidratos: 6g; fibra: 1g; proteínas: 2g

## Almendras al tamari

Tiempo de preparación: 5 minutos

Tiempo de cocción: 15 minutos

Porciones: 8

Ingredientes

1 libra de almendras crudas

3 cucharadas de tamari o salsa de soja

2 cucharadas de aceite de oliva virgen extra

1 cucharada de levadura nutricional

1 ó 2 cucharaditas de chile en polvo, al gusto

Instrucciones: Precalentar el horno a 400°f. Forrar una bandeja para hornear con papel pergamino. En un tazón mediano, combine las almendras, el tamari y el aceite de oliva hasta que estén bien cubiertas. Esparcir las almendras en la bandeja para hornear preparada y asarlas de 10 a 15 minutos, hasta que se doren. Deje enfriar durante 10 minutos y luego sazone con la levadura nutricional y el chile en polvo. Pasar a un frasco de vidrio y cerrar bien con una tapa.

Nutrición: calorías: 364; grasa: 32g; proteína: 13g; carbohidratos: 13g; fibra: 7g; azúcar: 3g; sodio: 381mg

## Bocados de tacos de tempeh

Tiempo de preparación: 5 minutos

Tiempo de cocción: 45 minutos

Porciones: 3 docenas

Ingredientes

8 onzas de tempeh

3 cucharadas de salsa de soja

2 cucharaditas de comino molido

1 cucharadita de chile en polvo

1 cucharadita de orégano seco

1 cucharada de aceite de oliva

1/2 taza de cebolla finamente picada

2 dientes de ajo picados

Sal y pimienta negra recién molida

2 cucharadas de pasta de tomate

1 chile chipotle en adobo, finamente picado

1/4 taza de agua caliente o caldo de verduras, hecho en casa o comprado en la tienda, más si es necesario

36 copas de pasta filo, descongeladas

1/2 taza de guacamole básico, hecho en casa o comprado en la tienda

18 tomates cherry maduros, cortados por la mitad

Preparación

En una cacerola mediana con agua hirviendo a fuego lento, cocine el tempeh durante 30 minutos. Escúrralo bien, luego píquelo finamente y póngalo en un bol. Añada la salsa de soja, el comino, el chile en polvo y el orégano. Mezclar bien y reservar.

En una sartén mediana, calentar el aceite a fuego medio. Añada la cebolla, tápela y cocínela durante 5 minutos. Incorpore el ajo y, a continuación, añada la mezcla de tempeh y cocine, removiendo, de 2 a 3 minutos. Sazone con sal y pimienta al gusto. Reservar. En un tazón pequeño, combine la pasta de tomate, el chipotle y el agua o caldo caliente. Vuelva a poner la mezcla de tempeh en el fuego y revuelva la mezcla de tomate y chile y cocine de 10 a 15 minutos, revolviendo ocasionalmente, hasta que se absorba el líquido. La mezcla debe estar bastante seca, pero si empieza a pegarse a la sartén, añada un poco más de agua caliente, 1 cucharada a la vez. Probar, ajustando los condimentos si es necesario. Retirar del fuego. Para el montaje, llene los moldes de filo hasta arriba con el relleno de tempeh, utilizando unas 2 cucharaditas de relleno en cada uno. Cubra con una cucharada de guacamole y una mitad de tomate cherry y sirva.

## Croustades de setas

Tiempo de preparación: 10 minutos

Tiempo de cocción: 10 minutos

Raciones: 12 croustades

Ingredientes

12 rebanadas finas de pan integral

1 cucharada de aceite de oliva, más para pincelar el pan

2 chalotas medianas, picadas

2 dientes de ajo picados

12 onzas de champiñones blancos picados

1/4 taza de perejil fresco picado

1 cucharadita de tomillo seco

1 cucharada de salsa de soja

Preparación

Precalentar el horno a 400°f. Con un cortapastas redondo de 3 pulgadas o un vaso, cortar un círculo de cada rebanada de pan. Unte los círculos de pan con aceite y presiónelos con firmeza pero con cuidado en un molde para mini-muffins. Hornee hasta que el pan esté tostado, unos 10 minutos.

Mientras tanto, en una sartén grande, calentar la 1 cucharada de aceite a fuego medio. Añade las chalotas, el ajo y los champiñones y saltea durante 5 minutos para ablandar las verduras. Incorpore el perejil, el tomillo y la salsa de soja y cocine hasta que se absorba el líquido, unos 5 minutos más. Vierta la mezcla de champiñones en las tazas de croustade y vuelva a ponerlas en el horno de 3 a 5 minutos para que se calienten. Servir caliente.

## Tomates cherry rellenos

Tiempo de preparación: 15 minutos

Tiempo de cocción: 0 minutos

Porciones: 6

Ingredientes

2 pintas de tomates cherry, sin la parte superior y sin el centro

2 aguacates, triturados

Zumo de 1 limón

½ pimiento rojo picado

4 cebollas verdes (partes blancas y verdes), finamente picadas

1 cucharada de estragón fresco picado

Una pizca de sal marina

Direcciones:

Colocar los tomates cherry abiertos hacia arriba en una fuente. En un bol pequeño, combine el aguacate, el zumo de limón, el pimiento, las cebolletas, el estragón y la sal. Remover hasta que esté bien combinado. Colocar en los tomates cherry y servir inmediatamente.

## Dip picante de judías negras

Tiempo de preparación: 10 minutos

Tiempo de cocción: 0 minutos

Raciones: 2 tazas

Ingredientes

1 lata (14 onzas) de frijoles negros, escurridos y enjuagados, o 1½ tazas cocidos

Ralladura y zumo de 1 lima

1 cucharada de tamari, o salsa de soja, ¼ de taza de agua

¼ de taza de cilantro fresco, picado

1 cucharadita de comino molido

Pizca de pimienta de cayena Instrucciones: Ponga los frijoles en un procesador de alimentos (la mejor opción) o en una licuadora, junto con la ralladura y el jugo de limón, el tamari y aproximadamente ¼ de taza de agua. Bate hasta que quede suave, y luego añade el cilantro, el comino y la cayena. Si no tiene una licuadora o prefiere una consistencia diferente, simplemente páselo a un bol una vez que los frijoles se hayan hecho puré y revuelva las especias, en lugar de forzar la licuadora.

Nutrición (1 taza) calorías: 190; grasa total: 1g; carbohidratos: 35g; fibra: 12g; proteínas: 13g

## Hojas de pasta de cebolla francesa

Tiempo de preparación: 10 minutos

Tiempo de cocción: 35 minutos - hace 24 hojaldres

Ingredientes

2 cucharadas de aceite de oliva

2 cebollas amarillas dulces medianas, cortadas en rodajas finas

1 diente de ajo picado

1 cucharadita de romero fresco picado

Sal y pimienta negra recién molida

1 cucharada de alcaparras

1 hoja de hojaldre vegano congelado, descongelado

18 aceitunas negras sin hueso, cortadas en cuartos

Preparación

En una sartén mediana, calentar el aceite a fuego medio. Añadir las cebollas y el ajo, sazonar con romero y sal y pimienta al gusto. Tapar y cocinar hasta que estén muy blandos, removiendo de vez en cuando, unos 20 minutos. Incorporar las alcaparras y reservar.

Precalentar el horno a 400°f. Extienda la masa de hojaldre y córtela en círculos de 2 a 3 pulgadas con un cortapastas ligeramente enharinado o un vaso. Debería obtener unas 2 docenas de círculos.

Coloque los círculos de hojaldre en las bandejas para hornear y cubra cada uno con una cucharadita colmada de la mezcla de cebolla, dando unos golpecitos para alisar la parte superior.

Cubra con 3 cuartos de aceituna, dispuestos de forma decorativa, ya sea como pétalos de flores que emanan del centro o paralelos entre sí como 3 barras.

Hornear hasta que la masa esté hinchada y dorada, unos 15 minutos. Servir caliente.

## Tostadas de anacardos y pimientos rojos asados con queso

Tiempo de preparación: 15 minutos

Tiempo de cocción: 0 minutos

Raciones: De 16 a 24 tostadas

Ingredientes

2 pimientos rojos asados de bote

1 taza de anacardos sin sal

1/4 taza de agua

1 cucharada de salsa de soja

2 cucharadas de cebollas verdes picadas

1/4 taza de levadura nutricional

2 cucharadas de vinagre balsámico

2 cucharadas de aceite de oliva

Preparación

Utilice cortadores de canapés o galletas para cortar el pan en las formas deseadas de unos 5 cm de ancho. Si no tiene un cortador, utilice un cuchillo para cortar el pan en cuadrados, triángulos o rectángulos. Debería obtener de 2 a 4 piezas de cada rebanada de pan. Tostar el pan y dejarlo enfriar.

Picar groseramente 1 pimiento rojo y reservar. Cortar el pimiento restante en tiras finas o formas decorativas y reservar para la guarnición.

En una batidora o procesador de alimentos, moler los anacardos hasta obtener un polvo fino. Añadir el agua y la salsa de soja y procesar hasta que quede suave. Añadir el pimiento rojo picado y hacer un puré. Añadir las cebollas verdes, la levadura nutricional, el vinagre y el aceite y procesar hasta que quede suave y bien mezclado.

Unte una cucharada de la mezcla de pimientos en cada uno de los trozos de pan tostado y cubra decorativamente con las tiras de pimiento reservadas. Colocar en una fuente o bandeja y servir.

## Patatas fritas al horno

Tiempo de preparación: 10 minutos

Tiempo de cocción: 30 minutos

Porciones: 4

Ingredientes

1 patata grande

1 cucharadita de pimentón

½ cucharadita de sal de ajo

¼ de cucharadita de azúcar vegano

¼ de cucharadita de cebolla en polvo

¼ de cucharadita de polvo de chipotle o chile en polvo

⅛ Cucharadita de sal

⅛ Cucharadita de mostaza molida

⅛ Cucharadita de pimienta de cayena molida

1 cucharadita de aceite de canola

⅛ Cucharadita de humo líquido

Direcciones:

Lavar y pelar la patata. Cortar en rodajas finas de 1/10 pulgadas (una mandolina o la cuchilla de un procesador de alimentos es útil para obtener rodajas de tamaño consistente).

Llenar un bol grande con suficiente agua muy fría para cubrir la patata. Transfiera las rodajas de patata al bol y déjelas en remojo durante 20 minutos.

Precalentar el horno a 400ºf. Forrar una bandeja para hornear con papel pergamino.

En un bol pequeño, combine el pimentón, la sal de ajo, el azúcar, la cebolla en polvo, el chipotle en polvo, la sal, la mostaza y la cayena.

Escurrir y enjuagar las rodajas de patata y secarlas con una toalla de papel.

Pasar a un bol grande.

Añada el aceite de canola, el humo líquido y la mezcla de especias al bol. Revuelva para cubrir.

Pasar las patatas a la bandeja de horno preparada.

Hornear durante 15 minutos. Dar la vuelta a las patatas fritas y hornear durante 15 minutos más, hasta que se doren. Pasar las patatas fritas a 4 recipientes de almacenamiento o a tarros de cristal grandes. Dejar enfriar antes de cerrar bien las tapas.

Nutrición: calorías: 89; grasa: 1g; proteína: 2g; carbohidratos: 18g; fibra: 2g; azúcar: 1g; sodio: 65mg

## Champiñones rellenos de espinacas y nueces

Tiempo de preparación: 10 minutos

Tiempo de cocción: 6 minutos

Raciones: De 4 a 6 raciones

Ingredientes

2 cucharadas de aceite de oliva

8 onzas de setas blancas, ligeramente enjuagadas, secadas con palmaditas y con los tallos reservados

1 diente de ajo picado

1 taza de espinacas cocidas

1 taza de nueces finamente picadas

1/2 taza de pan rallado seco sin sazonar

Sal y pimienta negra recién molida

Preparación

Precalentar el horno a 400°f. Engrasar ligeramente un molde grande para hornear y reservar. En una sartén grande, calentar el aceite a fuego medio. Añadir los champiñones y cocinarlos durante 2 minutos para que se ablanden ligeramente. Retirar de la sartén y reservar.

Picar los tallos de los champiñones y añadirlos a la misma sartén. Añadir el ajo y cocinar a fuego medio hasta que se ablande, unos 2 minutos. Incorpore las espinacas, las nueces, el pan rallado y sal y pimienta al gusto. Cocine durante 2 minutos, revolviendo bien para combinar.

Rellenar los sombreros de los champiñones reservados con la mezcla del relleno y colocarlos en la bandeja del horno. Hornee hasta que los champiñones estén tiernos y el relleno esté caliente, unos 10 minutos. Servir caliente.

## Salsa Fresca

Tiempo de preparación: 15 minutos

Tiempo de cocción: 0 minutos

Porciones: 4

Ingredientes

3 tomates grandes tipo heirloom u otros tomates frescos, picados

½ cebolla roja, finamente picada

½ manojo de cilantro picado

2 dientes de ajo picados

1 jalapeño picado

Zumo de 1 lima, o 1 cucharada de zumo de lima preparado

¼ de taza de aceite de oliva

Sal marina

Chips de tortilla integrales, para servir

Direcciones:

En un tazón pequeño, combine los tomates, la cebolla, el cilantro, el ajo, el jalapeño, el jugo de limón y el aceite de oliva y mezcle bien. Dejar reposar a temperatura ambiente durante 15 minutos. Sazone con sal.

Servir con chips de tortilla.

La salsa puede guardarse en un recipiente hermético en la nevera hasta 1 semana.

## 64. Guacamole

Tiempo de preparación: 10 minutos

Tiempo de cocción: 0 minutos

Raciones: 2

Ingredientes

2 aguacates maduros

2 dientes de ajo prensados

Ralladura y zumo de 1 lima

1 cucharadita de comino molido

Una pizca de sal marina

Una pizca de pimienta negra recién molida

Una pizca de pimienta de cayena (opcional)

Direcciones:

Triturar los aguacates en un bol grande. Añade el resto de los ingredientes y remueve para combinarlos.

Pruebe a añadir tomates cortados en dados (los cherry son divinos), cebolletas o cebollinos picados, cilantro o albahaca fresca picada, limón en lugar de lima, pimentón, o cualquier cosa que crea que puede quedar bien.

Nutrición (1 taza) calorías: 258; grasa total: 22g; carbohidratos: 18g; fibra: 11g; proteínas: 4g

## Pinwheels de humus de verduras

Tiempo de preparación: 10 minutos

Tiempo de cocción: 0 minutos

Porciones: 3

Ingredientes

3 tortillas integrales, de espinacas, de harina o sin gluten

3 hojas grandes de acelga

¾ de taza de hummus de edamame o hummus preparado

¾ de taza de zanahorias ralladas

Direcciones:

Poner 1 tortilla plana en una tabla de cortar.

Colocar 1 hoja de acelga sobre la tortilla. Esparcir ¼ de taza de humus sobre las acelgas. Esparcir ¼ de taza de zanahorias sobre el humus. Empezando por un extremo de la tortilla, enrollarla bien hacia el lado opuesto. Cortar cada rollo en 6 trozos. Colóquelo en un recipiente de almacenamiento de una sola porción. Repita la operación con el resto de las tortillas y el relleno y cierre las tapas.

Nutrición: calorías: 254; grasas: 8g; proteínas: 10g; hidratos de carbono: 39g; fibra: 8g; azúcar: 4g; sodio: 488mg

## Rollos de lechuga asiáticos

Tiempo de preparación: 15 minutos

Tiempo de cocción: 5 minutos

Porciones: 4

Ingredientes

2 onzas de fideos de arroz, 2 cucharadas de albahaca tailandesa picada

2 cucharadas de cilantro picado

1 diente de ajo picado, 1 cucharada de jengibre fresco picado

Zumo de ½ lima, o 2 cucharaditas de zumo de lima preparado

2 cucharadas de salsa de soja

1 pepino, cortado en juliana

2 zanahorias peladas y cortadas en juliana, 8 hojas de lechuga de mantequilla

Instrucciones: Cocer los fideos de arroz según la preparación del paquete. En un bol pequeño, bata la albahaca, el cilantro, el ajo, el jengibre, el zumo de lima y la salsa de soja. Mezcle con los fideos cocidos, el pepino y las zanahorias. Dividir la mezcla uniformemente entre las hojas de lechuga y enrollar. Asegure con un palillo y sirva inmediatamente.

## Bolas de fuego de pinto-pecano

Tiempo de preparación: 5 minutos

Tiempo de cocción: 30 minutos

Raciones: unas 20 piezas

Ingredientes

1-1/2 tazas de frijoles cocidos o 1 lata (15,5 onzas) de frijoles pintos, escurridos y enjuagados

1/2 taza de nueces picadas

1/4 taza de cebollas verdes picadas

1 diente de ajo picado

3 cucharadas de harina de gluten de trigo (gluten vital de trigo)

3 cucharadas de pan rallado seco sin condimentar

4 cucharadas de tabasco u otra salsa picante

1/4 cucharadita de sal

1/8 cucharadita de cayena molida

1/4 taza de margarina vegana

Preparación

Precaliente el horno a 350°f. Engrasar ligeramente un molde para hornear de 9 x 13 pulgadas y reservar. Secar bien los frijoles escurridos con una toalla de papel, presionando el exceso de líquido. En un procesador de alimentos, combine los frijoles pintos, las pacanas, las cebollas verdes, el ajo, la harina, el pan rallado, 2 cucharadas de tabasco, la sal y la cayena. Pulse hasta que esté bien combinado, dejando algo de textura. Utilice las manos para formar bolas de una pulgada con la mezcla.

Colocar las bolas en el molde preparado y hornear hasta que estén bien doradas, entre 25 y 30 minutos, dándoles la vuelta a mitad de camino.

Mientras tanto, en una cacerola pequeña, combinar las 2 cucharadas restantes de tabasco y la margarina y derretir a fuego lento. Vierta la salsa sobre las bolas de fuego y hornee 10 minutos más. Servir inmediatamente.

# Recetas para antes del entrenamiento

**Chili vegano**

Tiempo de preparación: 10 minutos

Tiempo de cocción: 30 minutos

Porciones: 6

Calorías: 340

Ingredientes

2 cucharadas de aceite de oliva

3 dientes de ajo picados

1 cucharadita de chile en polvo

1 cebolla roja grande, cortada en rodajas finas

2 tallos de apio, finamente picados

1 cucharadita de comino molido

2 zanahorias medianas, peladas y picadas finamente

2 pimientos rojos, cortados en trozos grandes

Sal y pimienta, al gusto

28 onzas de tomates picados en lata

14 onzas de alubias rojas, escurridas y enjuagadas

3½ onzas de lentejas rojas partidas

14 onzas de carne picada de soja congelada

2 cucharadas de caldo de verduras

Opcional:

1 cucharadita de pasta de miso

Un puñado grande de cilantro fresco, picado grueso

2 cucharadas de vinagre balsámico

Para servir:

Arroz basmati cocido

Un chorrito de zumo de lima

Cilantro extra picado

Preparación

Calentar el aceite de oliva en una cacerola grande.

Sofreír la cebolla, el ajo, la zanahoria, el apio y los pimientos durante unos minutos a fuego medio, hasta que se ablanden.

Añadir el chile en polvo, el comino, la sal y la pimienta y remover.

Añada las alubias rojas picadas, los tomates, las lentejas, el caldo de verduras y la carne picada de soja. Añade los aromatizantes adicionales, si los utilizas.

Cocer a fuego lento durante 20 minutos.

Servir con arroz basmati al vapor, un poco de cilantro fresco rasgado y un pequeño chorro de zumo de lima. Que aproveche.

Nota: Se congela bien. Manténgalo refrigerado hasta cuatro días.

La nutrición:

Calorías 340

Grasas totales 6g Grasas saturadas 2g

Carbohidratos totales 42g Fibra dietética 18g

Azúcares totales 1g Proteínas 25g

## Tazones de comida de boniato

Tiempo de cocción: 25 minutos

Porciones: 4

Calorías:230

Ingredientes

1 patata grande, cortada en trozos pequeños

3-4 cucharadas de aceite de oliva, divididas

1 cucharadita de condimento de su elección (o más al gusto)

Ajo en polvo al gusto

Sal y pimienta al gusto

1 lata de maíz dulce, escurrida

1 lata de alubias negras, escurridas y enjuagadas

Zumo de ½ lima + guirnaldas para servir

½ cucharadita de comino molido

Tiempo de preparación: 15 minutos

Preparación

Precaliente su horno a 400 grados F, mueva la rejilla del horno al tercio superior del horno.

Coloque el boniato cortado en cubos en una bandeja para hornear forrada con papel de aluminio. Espolvorear con el condimento, el ajo en polvo, la sal y la pimienta, y mezclar con dos o tres cucharadas de aceite de oliva. Asegúrese de que cada trozo esté cubierto de aceite, pero que no gotee. Hornee durante 25 minutos o hasta que estén tiernos.

Mientras tanto, añade el maíz, las judías, 1 cucharada de aceite de oliva, el zumo de lima, el comino, la sal y la pimienta (opcional) en un bol pequeño. Mezclar.

Una vez que las batatas estén listas, divídelas por igual junto con la mezcla de frijoles y maíz entre los 4 recipientes. Añade un trozo de lima a cada recipiente.

La nutrición:

Calorías 230 Grasas totales 16g Grasas saturadas 4g

Carbohidratos totales 64g Fibra dietética 14g

Azúcar total 12g Proteínas 12g

## Tazones de setas marinadas con arroz salvaje y lentejas

Tiempo de preparación: 10 minutos

Tiempo de cocción: 30 minutos

Porciones: 4

Calorías: 285

Ingredientes

Setas marinadas:

¼ de taza de aceite de oliva virgen extra

2 cucharadas de vinagre de arroz sin condimentar

1 cucharadita de tamari o salsa de soja sin trigo y baja en sodio

2 cucharaditas de aceite de sésamo oscuro

1 cucharadita de aceite de chile

1 cebolla verde, cortada en rodajas finas

1 cucharada de cilantro fresco picado

8 onzas de champiñones criminales, cortados en rodajas finas

1 cucharadita de semillas de sésamo

Otros:

2 tazas de col morada cortada en rodajas finas

1 cucharada de zumo de lima fresco

Una pizca de sal

2 cucharaditas de salsa de soja baja en sodio, o (para sin gluten) tamari sin trigo, divididas

1 taza de arroz salvaje cocido

2 tazas de lentejas francesas cocidas

1 taza de pepino picado

Preparación

Para marinar el champiñón, bata el aceite de oliva, la salsa de soja, el vinagre de arroz, el aceite de sésamo y el aceite de chile en un recipiente poco profundo.

Incorpore el cilantro, la cebolla verde y las semillas de sésamo. Añada los champiñones y mézclelos suavemente con la marinada. Cubra y deje reposar 30 minutos.

Poner la col en un bol mediano y mezclarla con el zumo de lima y una pizca de sal.

Revuelva una cucharadita de la salsa de soja o tamari en las lentejas y una cucharadita en el arroz salvaje.

Para servir, coloque partes iguales de lentejas, champiñones, col, arroz salvaje y pepinos en cada uno de los cuatro tazones.

Rocíe con el resto de la marinada, adorne con cilantro picado, cebollas verdes en rodajas y semillas de sésamo negro. Servir con trozos de lima.

La nutrición:

Calorías 285

Grasas totales 10g

Grasas saturadas 2,5g

Carbohidratos totales 64g

Fibra dietética 2g

Azúcar total 16g

Proteína 19g

## Tazón de granos Chirashi

Tiempo de preparación: 5 minutos

Tiempo de cocción: 15 minutos

Porciones: 3

Calorías: 305

Preparación:

Ingredientes

7 cucharadas de quinoa

4 cucharadas de cebada perlada

2 onzas de lentejas

8 flores de brócoli

Un puñado de hojas de ensalada

Aderezo de ensalada con sésamo

3 onzas de tofu, cortado en dados

5 cucharadas de edamame cocido

½ aguacate, triturado

5 onzas de col roja encurtida,

1 zanahoria, cortada en rodajas finas

Berenjena al miso:

1 berenjena, cortada en dados

1 cucharada de pasta de miso blanco

1½ cucharadas de mirin

2 cucharaditas de azúcar, 2 cucharaditas de salsa de soja

Esta comida repleta de proteínas con lentejas, tofu, quinoa y edamame se combinan para ofrecer un completo abanico de aminoácidos para el desarrollo muscular. En una sartén pequeña, saltea la berenjena. Añade el mirin, el miso, la salsa de soja, el azúcar y un chorrito de agua. Cocinar los granos y las lentejas según la preparación del paquete. Cocine al vapor el brócoli o cualquier verdura rica en proteínas de su elección. Cubra con el tofu, las verduras y las judías, incluyendo una cucharada de berenjena, dispuesta en círculo, al estilo "chirashi". Disfrútelo con los palillos o el tenedor.

Nutrición:  Calorías 305

Grasas totales 14g Grasas saturadas 3g Carbohidratos totales 35g

Fibra dietética 15g Azúcar total 5g Proteínas 33g

**Wraps de tofu con champiñones y espinacas**

Tiempo de preparación: 20 minutos

Tiempo de cocción: 20 minutos

Porciones: 1

Calorías: 305

Ingredientes

Hummus de Cilantro:

1 lata de 14 onzas de garbanzos, enjuagados y escurridos

1 cucharada de tahini

¾ cucharaditas de sal

1 cucharadita de aceite de oliva

Zumo de medio limón

1 cucharada de agua + más para diluir

4 tallos de cilantro

## Hamburguesas de setas y nueces

Tiempo de preparación: 15 minutos

Tiempo de cocción: 20 minutos

Porciones: 5

Ingredientes

9 onzas de champiñones portobello

¼ de taza de cebolla roja picada

2 dientes de ajo, picados finamente o picados

1 taza de nueces, cortadas en dados pequeños

1 lata de 15 onzas de garbanzos, escurridos y secados con palmaditas

2 tazas de avena instantánea

2 cucharadas de salsa hoisin

1 cucharada de tahini o mantequilla de almendras

Calorías: 285

Preparación

Añadir 2 cucharadas de agua a una sartén grande. Suba el fuego a medio-alto, añada los champiñones portobello en rodajas. Saltear durante 5 minutos.

Añadir la cebolla y rehogar otros 5 minutos. Añadir el ajo y cocinar 2 minutos más.

Retirar del fuego, añadir a un procesador de alimentos con las nueces y los garbanzos. Añadir los copos de avena (sólo si son laminados y no instantáneos).

Procesar con pocas pulsaciones para que todos los ingredientes queden en trozos pequeños, sin trozos.

Pasar a un bol grande y añadir la tahina y la salsa hoisin. Si utiliza avena instantánea, añádala ahora también.

Mezcla bien. También puedes usar las manos y trabajarla para que se una bien.

Formar 6 hamburguesas. Puede presionarlas en una forma redonda como la de un molde para muffins ingleses o un anillo para panqueques, de unos cinco centímetros de ancho.

Freír en aceite por un lado hasta que esté crujiente, luego dar la vuelta con cuidado y dorar por el otro lado.

¡Sirve!

Nota: También puedes servir estas deliciosas hamburguesas en bollos integrales con un poco de salsa hoisin en los bollos de abajo y un poco de mayonesa vegana en la hamburguesa. Puedes añadir verduras rizadas y rodajas de cebolla roja.

La nutrición:

Calorías 285

Grasas totales 18g

Grasas saturadas 1g

Carbohidratos totales 30g

Fibra dietética 8g

Azúcar total 8g

Proteína 13g

## Tempeh vegano saludable

Tiempo de preparación: 30 minutos

Tiempo de cocción: 10 minutos

Raciones: 2

Calorías: 574

Ingredientes

Tempeh marinado:

8 onzas 1 paquete de tempeh

½ taza de caldo de verduras

1 cucharada de vinagre balsámico

1 cucharada de salsa Worcestershire vegana

1 cucharadita de humo líquido

1 cucharadita de cebolla en polvo

1 cucharadita de pimentón ahumado

½ cucharadita de ajo en polvo

Otros:

4 rebanadas de pan de centeno germinado de Alvarado

½ taza colmada de chucrut

¼ de taza de aderezo ruso vegano

Queso suizo vegano opcional

2 cucharadas de aceite

1 cucharada de mantequilla vegana

Preparación

Corta el tempeh por la mitad a lo largo y luego córtalo por el medio en cuatro rodajas finas.

Combine todos los ingredientes para el adobo del tempeh en un plato llano. Añade el tempeh y déjalo marinar durante al menos 30 minutos.

Calienta una sartén grande de hierro fundido a fuego medio con dos cucharadas de aceite. Añada el tempeh y cocínelo durante unos 5 minutos por cada lado, hasta que se dore. Una vez que ambos lados estén bien dorados, añada la marinada reservada y deje que se cocine en la sartén. Esto permite que los sabores se impregnen más profundamente en el tempeh.

Unte con mantequilla cuatro rebanadas de pan de semillas de centeno germinadas. Colóquelas en la sartén y cocínelas durante 3-4 minutos, hasta que estén ligeramente doradas. Dar la vuelta al pan. En los lados no cocidos, añadir aderezo ruso a todas las rebanadas de pan. Dividir el chucrut entre dos rebanadas, cubrir con dos trozos de tempeh cocido cada uno y una rebanada de suizo vegano, si se utiliza. Añadir la segunda rebanada de pan, cocinar por cada lado durante unos 5 minutos, hasta que el pan esté dorado y todo esté uniformemente cocido.

Retirar del fuego y servir inmediatamente.

La nutrición:

Calorías 574

Grasas totales 33g

Grasas saturadas 5g

Carbohidratos totales 47g

Fibra dietética 4g

Azúcar total 5g

Proteína 26g

## Pesto de brócoli con pasta y tomates cherry

Tiempo de preparación: 5 minutos

Tiempo de cocción: -20 minutos

Raciones: 2

Calorías: 239

Ingredientes

Pesto de brócoli:

½ taza de nueces

2 tazas colmadas de ramilletes de brócoli, cocidos

3 cucharadas de levadura nutricional

2 dientes de ajo

3 cucharadas de aceite de oliva

Pimienta negra

Sal

½ taza de perejil picado

Pasta:

1 taza de tomates cherry, cortados en mitades

9 onzas de pasta integral, cocida según la preparación del paquete

1 taza de ramilletes de brócoli cocidos

Preparación

Para hacer el pesto, combine los ingredientes en el bol de un procesador de alimentos. Sazone con sal y pimienta. Guárdelo en un recipiente hermético en el frigorífico hasta una semana.

Servir con la pasta integral y los tomates cherry. También puedes añadir más brócoli cocido.

La nutrición:

Calorías 239

Grasas totales 12g

Grasas saturadas 5g

Carbohidratos totales 28g

Fibra dietética 11g

Azúcar total 9g

Proteína 21g

## Carne sin carne de Mongolia

Tiempo de preparación: 10 minutos

Tiempo de cocción: 20 minutos

Porciones: 6

Calorías: 324

Ingredientes

Salsa mongola:

2 cucharaditas de aceite vegetal (se recomienda el aceite de semillas de uva)

⅓ cucharadita de copos de pimienta roja

½ cucharadita de jengibre picado o rallado

3 dientes de ajo picado o rallado

2 cucharaditas de maicena

⅓ cucharadita de cinco especias chinas (opcional)

½ taza de salsa de soja baja en sodio

½ taza + 2 cucharadas de azúcar de coco (o utilice ½ taza escasa de azúcar moreno)

2 cucharadas de agua fría

Seitán crujiente:

1½ cucharadas de aceite vegetal

1 libra de seitán casero (o comprado), cortado en trozos de 1 pulgada

Guarnición:

Cebolletas en rodajas (opcional)

Semillas de sésamo tostadas (opcional)

Preparación

Salsa:

Calentar el aceite vegetal en una cacerola pequeña a fuego medio. Añadir el jengibre y el ajo, removiendo constantemente. Después de 30 segundos, añada las cinco especias (si las usa) y las hojuelas de pimiento rojo, cocine durante 30-60 segundos más, hasta que estén fragantes.

Añadir la salsa de soja y el azúcar de coco, remover bien. Reducir el fuego a medio-bajo, dejar cocer hasta que el azúcar de coco se disuelva y se reduzca ligeramente, unos 5-7 minutos, removiendo de vez en cuando.

Bata la maicena y el agua fría y añádala a la sartén y remueva. Cocinar durante 2-3 minutos más, hasta que la salsa se vuelva brillante y se espese ligeramente. Reduzca el fuego al mínimo y siga cocinando a fuego lento hasta que esté lista para añadir al seitán.

Seitán:

En su sartén, caliente el aceite a fuego medio-alto. Añade el seitán y cocínalo, removiendo con frecuencia, durante 4-5 minutos o hasta que esté ligeramente dorado y crujiente en los bordes.

Reducir el fuego a bajo y añadir la salsa. Remover para cubrir todos los trozos de seitán, continuar la cocción hasta que la salsa se haya adherido al seitán. Retirar del fuego y servir caliente con arroz y verduras de su elección. Adornar con cebolletas y semillas de sésamo si se desea.

La nutrición:

Calorías 324

Grasas totales 8g

Grasas saturadas 1g

Carbohidratos totales 33g

Fibra dietética 3g

Azúcar total 19g

Proteína 29g

## Sopa de lentejas mexicana

Tiempo de preparación: 15 minutos

Tiempo de cocción: 30 minutos

Porciones: 4

Calorías: 235

Ingredientes

2 cucharadas de aceite de oliva virgen extra

1 cebolla amarilla, cortada en dados

1 pimiento rojo, cortado en dados

2 zanahorias, peladas y cortadas en dados

2 tallos de apio, cortados en dados

3 dientes de ajo picados

1 cucharada de comino

¼ de cucharadita de pimentón ahumado

1 cucharadita de orégano

2 tazas de tomates cortados en cubos y sus jugos

2 latas (4 onzas) de chiles verdes picados

2 tazas de lentejas verdes, enjuagadas y recogidas

8 tazas de caldo de verduras

½ cucharadita de sal

Una pizca de salsa picante, más para servir (ajustar al gusto)

Cilantro fresco, para decorar

1 aguacate, pelado, sin hueso y cortado en dados

Direcciones:

Calentar el aceite de oliva en una olla grande a fuego medio. Añade las zanahorias, la cebolla, el apio y el pimiento. Saltear hasta que empiecen a ablandarse, unos 5 minutos. Añade el ajo, el pimentón, el comino y el orégano y saltea otro minuto. Añade los tomates, las lentejas, los chiles, el caldo y la sal. Llevar a ebullición. Cocer a fuego lento con la tapa inclinada hasta que las lentejas estén tiernas, unos 30-40 minutos. Sirve la sopa de lentejas mexicana con aguacate fresco, cilantro y unos toques de salsa picante.

Nutrición: Calorías 235 Grasas totales 9g Grasas saturadas 1g

Carbohidratos totales 32g Fibra dietética 10g Azúcar total 13g

Proteína 12g

# Recetas para después del entrenamiento

## Tazón de proteínas de farro

Raciones: 2

Tiempo de preparación: 10 minutos

Tiempo de cocción: 25 minutos

Ingredientes:

1/2 taza de farro, sin cocer

4 onzas de tiras de tempeh ahumado

1 taza de boniatos cortados en dados

2 tazas de verduras mixtas

12 onzas de garbanzos cocidos

1 taza de zanahorias picadas

1/3 de cucharadita de pimienta negra molida

2/3 cucharadita de sal

2 cucharadas de almendras tostadas

2 cucharaditas de aceite de oliva, divididas

1/4 de taza de humus

1 1/4 tazas de agua

4 limones, cortados en gajos

Direcciones:

Encienda el horno, póngalo a 375 grados F y déjelo precalentar.

Mientras tanto, tome un tazón mediano, coloque la batata y las zanahorias en él, rocíe con 1 cucharadita de aceite, sazone con la mitad de cada una de las sales y la pimienta negra, revuelva hasta que se mezclen y luego extienda las verduras en un tercio de una bandeja para hornear grande.

Añadir los garbanzos en el mismo bol, rociar con el aceite restante, sazonar con el resto de la sal y la pimienta negra, remover hasta que estén bien cubiertos y repartir los garbanzos en el segundo tercio de la bandeja de hornear. Disponer las tiras de tempeh en el espacio restante de la bandeja de hornear y luego asarlas, junto con los garbanzos y las verduras, durante 30 minutos, removiendo las verduras y dando la vuelta a las tiras de tempeh a mitad de camino. Mientras tanto, cocine los granos de farro y para ello, tome una olla mediana, colóquela a fuego medio-alto, agregue los granos de farro en ella, revuelva con una pizca de sal, vierta agua y lleve a ebullición. A continuación, cubra la olla con una tapa, cambie el fuego a nivel medio-bajo y cocine durante 25 minutos hasta que los granos se hayan ablandado. Cuando el farro esté cocido, distribúyalo uniformemente en dos cuencos, coloque encima el tempeh asado, los garbanzos, los boniatos y el humus, espolvoree las almendras y sírvalo con trozos de limón. Servir directamente.

## Tofu Teriyaki con Quinoa

Porciones: 4

Tiempo de preparación: 10 minutos

Tiempo de cocción: 20 minutos

Ingredientes:

Para el Tofu:

2 tazas de espárragos cortados en dados

14 onzas de tofu, firme, prensado, cortado en cubos de ½ pulgada

2 cucharadas de cebollas verdes picadas

2 cucharaditas de pasta de chile rojo

1 cucharada de salsa de soja

2 cucharaditas de aceite de oliva

Para la salsa:

2 cucharadas de ajo picado

2 cucharaditas de almidón de maíz

1/2 cucharada de jengibre rallado

1/4 de taza de azúcar de coco

1 cucharada de aceite de sésamo

3 cucharadas de salsa de soja

1 ½ cucharada de vinagre de arroz

1/2 taza de agua

Para servir:

4 tazas de quinoa cocida

Instrucciones: Prepare el tofu y para ello, coja una sartén mediana, póngala a fuego medio-alto, añada 1 cucharadita de aceite de oliva y cuando esté caliente, añada los trozos de tofu y luego cocínelos durante 5 minutos hasta que se doren por todos los lados. A continuación, transfiera los trozos de tofu a un bol, rocíelos con salsa de soja, mézclelos hasta que estén cubiertos y resérvelos hasta que los necesite. Prepare la salsa y para ello, tome un bol pequeño, coloque todos sus ingredientes en él y bata hasta que se combinen. Vuelve a poner la sartén a fuego medio-alto, añade el aceite restante y cuando esté caliente, añade los espárragos y cocínalos de 5 a 7 minutos hasta que estén tiernos y crujientes. Vuelva a poner los trozos de tofu en la sartén, rocíelos con la salsa preparada, mézclelos hasta que estén bien combinados y, a continuación, cambie el fuego a nivel medio y cocine de 3 a 4 minutos hasta que la salsa haya espesado. Añada las cebollas verdes y la pasta de chile rojo, remueva hasta que se mezclen y luego retire la sartén del fuego. Retire la sartén del fuego, luego distribuya la quinoa entre los tazones de servir, cubra con el tofu y las verduras, y sirva.

## Tazón de Buda

Raciones: 2

Tiempo de preparación: 10 minutos

Tiempo de cocción: 20 minutos

Ingredientes:

Para el Tazón:

8 onzas de tofu, firme, prensado,

1 ½ tazas de quinoa cocida

1 cebolla blanca mediana, pelada y cortada en rodajas

1 taza de espinacas

1 batata mediana, pelada y cortada en cubos

¼ de taza de zanahorias ralladas

1 aguacate, sin hueso, cortado en dados

1 taza de garbanzos cocidos

1 cucharadita de ajo picado

1 cucharadita de ajo en polvo

1 cucharadita de pimienta negra molida

1 cucharadita de sal

1 cucharadita de chile rojo en polvo

2 cucharadas de aceite de oliva

1 limón, exprimido

Para la marinada:

½ cucharadita de sal

1 cucharadita de salsa picante

1 cucharadita de pimentón

2 cucharaditas de tomillo seco

2 cucharadas de aceite de oliva

½ cucharadita de aceite de sésamo

Direcciones:

Encienda el horno, póngalo a 400 grados F y déjelo precalentar.

Prepara el bol y para ello, coge un bol pequeño, coloca todos sus ingredientes en él y luego bátelos hasta que se combinen.

Corte el tofu en cubos de ½ pulgada, colóquelos en un recipiente, vierta la marinada preparada, mezcle hasta que estén bien cubiertos y luego marine los trozos de tofu durante 30 minutos.

Tome una bandeja grande para hornear, coloque la cebolla, la batata y el ajo en ella, rocíe con 1 cucharada de aceite, sazone con la mitad de cada una de las pimientas negras y la sal, mezcle hasta que se combinen y luego hornee durante 20 minutos hasta que se cocinen.

Prepare los garbanzos y para ello, tome un tazón mediano, agregue los garbanzos en él, añada el resto de la sal y la pimienta negra, el ajo en polvo y el chile en polvo y revuelva hasta que se combinen.

Coge una sartén mediana, ponla a fuego medio, añade el aceite restante y cuando esté caliente, añade los garbanzos en ella y cocina durante 10 minutos hasta que estén hechos.

Pasar los garbanzos a un plato, añadir los trozos de tofu marinados en él y cocinar durante 10 minutos por cada lado hasta que se doren, reservar hasta que se necesite.

Cuando las verduras se hayan asado, coge un bol mediano y grande, añade el tofu, la quinoa, los garbanzos, las espinacas, los boniatos, el aguacate, la cebolla y las zanahorias, rocía con zumo de limón y remueve hasta que se mezclen. Servir enseguida.

## Tofu chino y brócoli

Porciones: 4

Tiempo de preparación: 10 minutos

Tiempo de cocción: 20 minutos

Ingredientes:

3 tazas de ramilletes de brócoli

14 onzas de tofu, firme, prensado, cortado en cubos de ½ pulgada

1 cucharadita de ajo picado

1 cucharadita de jengibre rallado

1 cucharada de almidón de maíz

2 cucharadas de jarabe de agave

1 cucharada de vinagre de arroz

1 cucharadita de aceite de oliva

¼ de taza de salsa de soja

1 ½ cucharaditas de aceite de sésamo, divididas

1 cucharada de agua

3 cucharadas de caldo de verduras

1 cucharadita de semillas de sésamo tostadas y más para servir

4 cucharadas de cebollas cortadas en rodajas

2 tazas de arroz blanco cocido

Direcciones:

Tome una sartén grande, póngala a fuego medio-alto, añada aceite de oliva y 1 cucharadita de aceite de sésamo, y cuando esté caliente, añada los trozos de tofu y cocínelos durante 4 minutos por cada lado hasta que se doren.

Cuando esté hecho, transfiera los trozos de tofu a un plato, añada los ramilletes de brócoli a la sartén, vierta el caldo, cambie el fuego a nivel medio-bajo y cocine durante 5 minutos hasta que el brócoli se haya cocido al vapor, cubriendo la sartén.

A continuación, cambie el fuego a nivel medio-alto, añada el jengibre, el ajo y el resto del aceite de sésamo y cocine durante 1 minuto.

Mezcle la maicena y el agua hasta que esté suave, añada a la sartén junto con las semillas de sésamo, el vinagre, el jarabe de agave y la salsa de soja, remueva hasta que se mezclen y cocine durante 2 minutos hasta que la salsa haya espesado.

Vuelva a colocar los trozos de tofu en la sartén, mézclelos hasta que estén bien cubiertos con la salsa y luego retire la sartén del fuego. Distribuya el arroz cocido en tazones, cubra con el tofu y el brócoli, espolvoree con la cebolleta y las semillas de sésamo y sirva.

## Tempeh de mantequilla de cacahuete con arroz

Porciones: 4

Tiempo de preparación: 3 horas y 10 minutos

Tiempo de cocción: 30 minutos

Ingredientes:

6,5 onzas de arroz integral cocido

22 onzas de Tempeh, cortado en cubos de 1 pulgada

Aceite de oliva según sea necesario

Para la salsa:

4 cucharaditas de azúcar de coco

2 cucharadas de jengibre rallado

1 cucharada de ajo picado

2 cucharadas de salsa de chile rojo

4 cucharadas de salsa de soja

2 cucharaditas de vinagre de arroz

4 cucharadas de mantequilla de cacahuete

6 cucharadas de agua

Para el repollo:

1 lima, exprimida

5 onzas de col morada, en rodajas

3 cucharaditas de aceite de sésamo

2 cucharaditas de miel

Para la guarnición:

4 cucharadas de cebolla verde picada

Instrucciones: Prepare la salsa y para ello, tome un bol grande, coloque todos sus ingredientes en él y bata hasta que se combinen. Agregue los pedazos de tempeh en la salsa de mantequilla de maní, revuelva hasta que estén bien cubiertos, luego coloque el tazón en el refrigerador y déjelo marinar por un mínimo de 3 horas. Cuando el tempeh esté casi marinado, encienda el horno, ponga la temperatura a 375 grados F y deje que se precaliente. Transfiera los trozos de tempeh marinados a una bandeja para hornear, rocíe con aceite de oliva y luego hornee durante 30 minutos hasta que estén bien dorados y cocidos, dándoles la vuelta a mitad de camino. Mientras tanto, prepare el repollo y para ello, tome un tazón mediano, coloque todos sus ingredientes en él y mezcle hasta que se combinen, deje a un lado hasta que se requiera. Cuando el tempeh se haya horneado, distribuya la col, el arroz y los trozos de tempeh de manera uniforme en tazones, rocíe con la salsa de marinado, adorne con cebollas verdes y luego sirva.

## Ensalada de soja y lentejas de Puy

Porciones: 4

Tiempo de preparación: 10 minutos

Tiempo de cocción: 25 minutos

Ingredientes:

Para la ensalada:

8 onzas de floretes de brócoli, picados

1 chile rojo, sin pepitas, cortado en rodajas

8 onzas de lentejas de Puy, sin cocer

5 onzas de guisantes de azúcar

5 onzas de soja congelada, descongelada

4 ¼ tazas de caldo de verduras, caliente

Para el aderezo:

Un trozo de jengibre de 2,5 cm, rallado

½ cucharadita de ajo picado

1 limón, exprimido

1 cucharada de miel

3 cucharadas de salsa de soja

2 cucharadas de aceite de sésamo

Direcciones:

Tome una olla grande, colóquela a fuego medio-alto, vierta el caldo, llévelo a ebullición, luego agregue las lentejas y cocine durante 15 minutos hasta que estén tiernas.

Escurrir las lentejas cocidas, pasarlas a un bol grande y reservarlas hasta que se necesiten.

Escurre la olla, llénala de agua hasta la mitad, llévala a ebullición y añade los ramilletes de brócoli y cuécelos durante 1 minuto.

Añadir las habas de soja y los guisantes, continuar la cocción durante 1 minuto, luego escurrir estas verduras, enjuagarlas bajo el agua fría y transferirlas al bol que contiene las lentejas.

Prepara el aderezo y para ello, toma un tazón pequeño, coloca todos sus ingredientes en él y bate hasta que se combinen.

Vierta el aderezo sobre la mezcla de lentejas y verduras, añada el chile rojo y remueva hasta que esté bien mezclado.

Servir directamente.

### Salteado de tofu y verduras con anacardos

Porciones: 4

Tiempo de preparación: 5 minutos

Tiempo de cocción: 8 minutos

Ingredientes:

5 onzas de soja

1 manojo de cebollas tiernas, cortadas en rodajas

2 cabezas de bok choi, cortadas en cuartos, 1 cabeza de brócoli, cortada en ramilletes

10 onzas de trozos de tofu marinado, 1 chile rojo sin semillas, cortado en rodajas

2 cucharaditas de ajo picado, 1 cucharada de salsa de soja

1 ½ cucharada de salsa hoisin, 1 cucharada de aceite de oliva

1 ½ cucharada de anacardos tostados

Instrucciones: Tome una sartén grande, póngala a fuego alto, añada aceite y cuando esté caliente, añada los ramilletes de brócoli y cocínelos durante 5 minutos hasta que estén tiernos. Incorpore el chile rojo y el ajo, continúe cocinando durante 1 minuto, añada las habas de soja, las cebolletas, el tofu y el bok choi, y saltee durante 3 minutos. Rociar con la salsa de soja y la salsa hoisin, espolvorear con las nueces, cocinar durante 1 minuto hasta que esté caliente y servir.

## Tofu con costra de especias y ensalada

Raciones: 2

Tiempo de preparación: 10 minutos

Tiempo de cocción: 15 minutos

Ingredientes:

Para el Tofu:

8 onzas de tofu, firme, prensado, cortado en cubos de 1 pulgada

4 onzas de guisantes de azúcar

3 kumquats, en rodajas

4 rábanos, cortados en rodajas

8 onzas de flores de brócoli

2 cebolletas picadas

1 cucharada de mezcla de especias japonesas

2 cucharadas de semillas de sésamo

½ cucharada de harina de maíz

1 cucharada de aceite de sésamo

1 cucharada de aceite de oliva

Para el aderezo:

1 chalota pequeña, cortada en dados

1 cucharadita de jengibre rallado

1 cucharada de zumo de lima

1 cucharadita de azúcar en polvo

2 cucharadas de salsa de soja

1 cucharada de zumo de pomelo

Instrucciones: Prepare el aderezo y para ello, tome un tazón pequeño, coloque todos sus ingredientes en él y luego revuelva hasta que estén bien combinados. Prepare el tofu y para ello, tome un bol pequeño, añada la harina de maíz, añada la mezcla de especias japonesas y las semillas de sésamo, y luego espolvoree esta mezcla por todos los lados de los trozos de tofu hasta que queden uniformemente cubiertos. Coge una olla grande, llénala de agua hasta la mitad, ponla a fuego alto, llévala a ebullición, luego cambia el fuego a nivel medio, añade los guisantes y el brócoli y hiérvelos durante 3 minutos hasta que estén tiernos y crujientes. Mientras el agua hierve, coge una sartén grande, ponla a fuego medio, añade el aceite y cuando esté caliente, añade los trozos de tofu y cocina durante 5 minutos hasta que estén bien dorados. Cuando las verduras se hayan cocinado al nivel deseado, distribúyelas uniformemente en dos cuencos, pon encima el tofu cocido y rócíalo con el aderezo preparado. Cubra con cebolletas, rábanos y kumquats y sirva.

## Germinados con judías verdes y nueces

Porciones: 4

Tiempo de preparación: 5 minutos

Tiempo de cocción: 12 minutos

Ingredientes:

21 onzas de coles de Bruselas, cortadas en cuartos

21 onzas de judías verdes

4 cucharadas de piñones tostados

1 limón, exprimido y sin cáscara

1 cucharada de aceite de oliva

Direcciones:

Tome una olla grande, llénela hasta la mitad con agua, póngala a fuego alto, llévela a ebullición, luego cambie el fuego a nivel medio, añada las judías y los brotes, y hiérvalos durante 3 minutos hasta que estén tiernos y crujientes y cuando estén hechos, escurra las judías y los brotes. Coge una sartén grande, ponla a fuego medio, añade el aceite y cuando esté caliente, añade las nueces y la ralladura de limón y cocina durante 30 segundos. A continuación, añada los brotes y las judías verdes, saltéelos durante 4 minutos, luego sazone con pimienta negra y sal y rocíe con zumo de limón. Retirar la sartén del fuego y servir.

## Tofu con fideos

Raciones: 2

Tiempo de preparación: 25 minutos

Tiempo de cocción: 25 minutos

Ingredientes:

8 onzas de tofu, firme, prensado, en cubos de 1 pulgada

6 onzas de fideos soba secos, cocidos

½ de un pepino grande

¼ de cucharadita de sal

2 cucharadas de azúcar en polvo

2 cucharadas de semillas de sésamo

4 cucharadas de pasta de miso blanco

½ taza de vinagre de vino de arroz

2 cucharadas de jarabe de arce

½ taza de aceite de oliva

¼ de taza de agua

2 cebollas tiernas ralladas

Direcciones:

Prepara los fideos, y para ello, utiliza un pelador de verduras para cortar cintas del pepino y colócalas en un bol.

Coge una cacerola pequeña, ponla a fuego medio, añade el azúcar, la sal, el vinagre y el agua, remueve hasta que se combinen y cocina durante 5 minutos hasta que el azúcar se haya disuelto.

Vierta esta mezcla sobre las cintas de pepino y, a continuación, coloque el bol en el frigorífico y déjelo en escabeche.

Prepare el tofu y para ello, tome una sartén grande, añada 1 cucharada de aceite y cuando esté caliente, añada los trozos de tofu y cocínelos de 7 a 10 minutos hasta que estén bien dorados por todos los lados. Cuando estén hechos, transfiera los trozos de tofu a un plato forrado con papel de cocina y reserve hasta que los necesite. Tome un tazón pequeño, añada la miel y la pasta de miso, bata hasta que se combinen y luego aplique esta mezcla a los trozos de tofu hasta que se cubran uniformemente. Cuando las cintas de pepino se hayan encurtido, escúrralas y luego enjuáguelas bien bajo el agua fría. Vuelva a poner la sartén a fuego medio y, cuando esté caliente, añada el aceite restante, las cintas de pepino, el resto de la mezcla de miel y miso y 1 cucharada del líquido de encurtido del pepino, y continúe la cocción durante 3 minutos hasta que esté caliente. Cuando esté hecho, repartir los fideos de soba entre los cuencos, luego cubrir uniformemente con el tofu y las cintas de pepino, espolvorear con cebollas verdes y servir.

## Salteado de judías negras y seitán

Porciones: 4

Tiempo de preparación: 15 minutos

Tiempo de cocción: 25 minutos

Ingredientes:

Para la salsa:

1 chile rojo picado

12 onzas de frijoles negros cocidos

1 cucharada de ajo picado

1 cucharadita de polvo de cinco especias chinas

2,5 onzas de azúcar moreno

2 cucharadas de vinagre de arroz

2 cucharadas de salsa de soja

1 cucharada de mantequilla de cacahuete

¼ de taza de agua


Para el salteado:

12 onzas de trozos de seitán marinado

2 cebolletas, cortadas en rodajas

10 onzas de bok choi, picado

1 pimiento rojo en rodajas

1 cucharada de harina de maíz

3 cucharadas de aceite de oliva

2 tazas de arroz integral cocido

Direcciones:

Prepare la salsa, y para ello, coloque la mitad de los frijoles negros en un procesador de alimentos, luego agregue los ingredientes restantes y pulse durante 2 minutos hasta que esté suave.

Vierta la salsa en una cacerola mediana, póngala a fuego medio, cocínela durante 5 minutos hasta que espese y resérvela hasta que la necesite.

Escurrir el seitán marinado, secar los trozos de seitán con un paño de cocina, pasar el seitán por harina de maíz y reservar hasta que se necesite.

Tome una sartén grande, póngala a fuego alto, añada 1 cucharadita de aceite y cuando esté caliente, añada los trozos de seitán y fríalos durante 5 minutos hasta que los bordes se hayan dorado.

Cuando esté hecho, pasar los trozos de seitán a un plato y reservar hasta que se necesite.

Añadir 1 cucharadita de aceite en la sartén, añadir las chalotas, cocinar durante 4 minutos hasta que se ablanden, luego añadir el pimiento rojo, la cebolleta, el bok choi y el resto de las judías negras, remover hasta que se mezclen y cocinar durante 4 minutos.

Vuelva a poner los trozos de seitán en la sartén, vierta la salsa preparada, mezcle y cocine durante 1 minuto hasta que esté caliente.

Sirve el seitán y las verduras sobre arroz integral.

## Conclusión:

"Las últimas sugerencias explican no exactamente el número de gramos de proteína que se debe comer, sino además cómo se baten esos gramos a lo largo del día", dice Pojednic.

"Los investigadores piensan ahora que sólo hay una medida específica de proteínas que tus músculos pueden absorber y utilizar en una sola sesión. Si inundas tu estructura con aminoácidos, tarde o temprano se desperdician un poco".

Pretende obtener entre 0,25 y 0,4 gramos de proteína por kilo de peso corporal por banquete. O por otro lado, para ponerlo mucho menos difícil, espaciar su proteína más de 3 o 4 cenas al día, no sólo al mismo tiempo en un batido uber.

El otro consejo patrocinado por la ciencia es para asegurarse de que usted está comiendo 20-30 gramos de proteína dentro de 30 minutos (mientras que una hora es presumiblemente bien) de la Preparación. "La ciencia es algo más confusa para comer antes y durante la preparación. Pojednic dice que ir con su inclinación, y la cantidad de alimento que necesita en su tracto relacionado con el estómago mientras que usted está haciendo sentadillas abrumadora. Sobrecargar su marco G.I. es especialmente simple para los amantes de las verduras, cuyos alimentos contienen una gran cantidad de fibra. Usted puede obtener un vientre palpitante de comer una porción de verduras mixtas antes de la preparación, sobre la base de que toda la sangre es "desviado" de sus órganos relacionados con el estómago para, estado, sus cuádriceps. En el caso de que prefiera no comer antes de la preparación, pero necesita asegurarse de que tiene suficiente azúcar en su marco para capitalizar su ejercicio, Pojednic sugiere jugo de productos orgánicos.

Sea como fuere, lo más urgente de coger músculo no tiene nada que ver con ser amante de las verduras.

No está relacionado con la obtención de suficientes aminoácidos. Hay que comer suficientes calorías para aumentar la masa, y hay que entrenar duro. Farris, que se pasó a la dieta vegetal en noviembre de 2014 (entre apariciones en los Juegos Olímpicos), es un competidor de talla mundial que resulta ser amante de las verduras, y no sigue sus proteínas ni mucho menos. Con todo, tuvo la opción de "hacer algunas adiciones y, lo más crítico, seguir siendo sólido". Dice que una dieta vegetariana le ha permitido recuperarse más rápidamente. "Si puedes hacer eso, puedes lograr más trabajo. Puedes machacar más tu cuerpo. Esencialmente, simplemente entrenar".

(Es importante que la pieza de la explicación Farris no tenía ningún segundo pensamientos sobre el cambio de su rutina de alimentación, mientras que en un alto propósito de su profesión fue sobre la base de que él pasó sus años de elevación de primera (19-22) recogiendo la calidad sin acceso sólido a cualquier tipo de alimento en absoluto. "En el caso de que pudiera levantar y hacer todo cuando no me acercaba a las cenas habituales, ¿cómo iba a ser más frágil comiendo suficiente alimento sin embargo cambiando las fijaciones?")

"Un problema importante para los vegetarianos es que pueden, sin mucho esfuerzo, comer de menos", dice Zinchenko. "Especialmente los individuos dinámicos que comen una gran cantidad de alimentos enteros. Sin calorías, su cuerpo no puede hacer músculo".

"La principal preocupación es la preparación del peso de alto volumen y la obtención de suplementos satisfactorios", dice David. "Eso es todo. No hay formas alternativas. Cuanto más duro lo golpees, cuanto más lo alimentes, más se desarrollará". (Acepto que estábamos hablando de culos ahora en la discusión).

"Está claro que la dieta te va a dar ese pequeño empujón hacia el final, sin embargo la Preparación y el compromiso es realmente lo que va a emitir a largo plazo para los competidores de nivel significativo", dice Polojic.

Por cierto, y por si sirve de algo, necesitamos penosamente más investigaciones sobre los amantes de las verduras. "De hecho, incluso las investigaciones que analizan los polvos de proteína de los amantes de las verduras no se hacen en los vegetarianos", dice Zinchenko. "En el caso de que haya alguien que quiera dar dinero para contemplar el desarrollo muscular de los amantes de las verduras, estaría encantado de dirigir la investigación".

La generalización de la impotente, amante del veggie delgada se ha convertido en todo lo que la gran mayoría haría algunos recuerdos difíciles de aceptar cualquier individuo de tamaño notable o la calidad no comía carne u otros artículos criatura. Esto se debe a que hemos sido adaptados para aceptar que hay que comer racimos de proteína de criatura para ensamblar el músculo y la calidad, y que la proteína extremadamente sólo se origina en los alimentos de criatura.

Obviamente, sólo una de esas dos convicciones es en realidad válida, como puede derivar sin mucho esfuerzo cualquier persona que haya observado alguna vez un gorila (herbívoro) de espalda plateada.

La gran mayoría, no obstante, asume que los atletas son progresivamente similares a los leones, requiriendo carne o algún tipo de proteína de criatura en cada cena para conseguir grandes y sólidos. Como se habla en ¿Qué pasa con la proteína? hay numerosos propósitos detrás de cómo esta fantasía resultó ser tan impregnada en la sociedad dominante, sin embargo, en realidad de la cultura flower child de los años 60 hasta decentemente en los últimos tiempos, una gran cantidad de las personas que siguieron un régimen de alimentación a base de plantas eran realmente delgada. Esto es un medio a la luz del hecho de que, durante mucho tiempo, una gran cantidad de atletas que eligió carne / criatura libre de regímenes de alimentación lo hizo exclusivamente por razones morales, ecológicas o de bienestar, y por lo general no piensan en tener grandes músculos. Además, las personas que se preocuparon con frecuencia no tenían la comprensión saludable fundamental importante para montar el músculo y la calidad de las plantas de alimentación.

Como se confirma en The Game Changers, todo eso ha cambiado. La era de los vegetarianos frágiles y que machacan el apio ha terminado. De hecho, incluso

Arnold Schwarzenegger - el padre de respaldo de los músculos y la calidad - es actualmente alentar a las personas a "simplemente enfriar con la carne", reconociendo que no hay ninguna motivación detrás de por qué comer un régimen de alimentación a base de plantas debe representar ningún límite para conseguir enorme y sólido, y que al hacerlo puede ofrecer mucho algunos puntos focales dignos de mención.

La construcción de músculo y la calidad es, en realidad, bastante básico desde una perspectiva fisiológica: salir de forma fiable y comer montones de alimentos. En la posibilidad de que usted entrena duro, pero no comer lo suficiente - o comer un montón de alimentos, pero no se preparan lo suficiente - lo más probable es que no va a aumentar una gran cantidad de músculo o conseguir mucho más conectado a tierra. Esto se aplica a todo el mundo, independientemente de si usted come carne o no.

Para los levantadores aficionados, comer "racimos de alimentos" significa devorar un 10-20% más de calorías que las necesarias para el mantenimiento diario, y para los levantadores más desarrollados, un 5-10% progresivamente.

Un aspecto increíble con respecto a la alimentación a base de plantas es que, por volumen, normalmente contiene menos calorías que las fuentes de alimentos a base de criaturas, lo que nos permite comer cada vez más toda la alimentación y sentirse más lleno, sin aumentar esencialmente más músculo frente a la grasa. Usted puede descubrir cada vez más acerca de que en Conseguir y Mantener Lean. Para las personas cuya necesidad superior es para recoger el músculo y la calidad, las personas en una planta de poner juntos régimen de alimentación necesidad de centrarse con respecto a los alimentos a base de plantas que tienen mayor espesor calórico que el estado, la lechuga. Como regla general, esto implica asegurar que las cenas y bocados incorporan medidas pesadas de granos, frijoles, tofu y tempeh, opciones de carne y productos lácteos, nueces y nueces para untar, semillas, aguacates, productos naturales secos, y así sucesivamente, a pesar de los alimentos de hoja. Aquellos menos preocupados por comer alimentos esencialmente enteros pueden igualmente incorporar carnes a base de plantas, polvos de proteína a base de plantas, barras de proteína/vitalidad a base de plantas - lo que sea necesario para conseguir golpear el exceso calórico fundamental.

# Libro de cocina a base de plantas para deportistas

El mejor libro de cocina a base de plantas para que los atletas mejoren la curación, aumenten la resistencia y la fuerza con recetas ricas en proteínas

Por

Joshua King

# Introducción

Dar prioridad a una dieta basada en plantas no sólo es una opción sostenible y más ética para el medio ambiente, sino que también proporciona al cuerpo humano una serie de antioxidantes, nutrientes y fibra que pueden ayudar a una función inmune saludable, mejorar la digestión y aumentar el estado de alerta y los niveles de energía. La incorporación de alimentos enteros, crudos, sin refinar y sin procesar, proporcionará el mayor beneficio y absorción en el cuerpo sin ningún efecto secundario inmunológico. Muchos productos de origen animal contienen aditivos, estabilizadores, conservantes y hormonas adicionales que aceleran el ciclo de crecimiento natural de las crías de los animales para obtener más productos cárnicos en el mercado. La mayoría de los animales no sólo reciben un trato inhumano antes de ser sacrificados, sino que además son alimentados con granos y piensos modificados genéticamente que también son absorbidos por el cuerpo humano cuando consumimos estos animales. El impacto medioambiental del procesamiento de la carne en las fábricas y en las granjas sobredimensionadas también es muy perjudicial, ya que aumenta las emisiones de gases de efecto invernadero, contamina el agua con los desechos de los animales, libera emisiones de amoníaco y elimina los bosques tropicales y los hábitats naturales poniendo en peligro a muchas especies de plantas y animales. El apoyo a la agricultura vegetal orgánica y sostenible dentro de nuestra propia región local ha estado en auge durante las últimas décadas y nos permite centrarnos en las ofertas estacionales de cultivo basadas en el clima del lugar donde residimos. Lo mejor de todo es que también podemos plantar semillas en nuestro propio jardín o balcón para reducir los residuos, la sobreproducción y eliminar nuestro consumo de toxinas y pesticidas. También es un proyecto creativo y enriquecedor cuidar y cosechar tu propia cosecha a lo largo de las estaciones.

Los alimentos de origen vegetal también incluyen una mayor cantidad de fibra que hace que el cuerpo se sienta lleno durante más tiempo, además de vitaminas y minerales, de los que carecen muchos productos de origen animal. Hay muchas fibras prebióticas en los alimentos de origen vegetal, como las alcachofas, el ajo y las cebollas, que proporcionan una flora intestinal saludable, permitiendo una digestión regular, la regulación del apetito y la disminución de los niveles de azúcar en la sangre. También ayudan a combatir la inflamación que se produce cuando el cuerpo descompone los tejidos durante la recuperación post-entrenamiento. Las verduras de hoja verde, como la hierba de trigo, las espinacas, la col rizada y las acelgas, pueden equilibrar los niveles de pH de la sangre, proporcionando un efecto alcalinizante, y también contienen grandes cantidades de calcio y magnesio. Estos minerales son importantes para mejorar la salud y la densidad de los huesos y crear una mayor relajación en el cuerpo, lo que proporciona un mejor sueño por la noche. Los alimentos de origen vegetal también mejoran su sistema autoinmune con anticuerpos a largo plazo y proporcionan más oxígeno a los tejidos, lo que ayuda a combatir los radicales libres y a prevenir el crecimiento de células cancerosas y tumorales. Minerales como el hierro, el zinc y el selenio, que se encuentran en grandes cantidades en los productos cárnicos, también aparecen en los alimentos de origen vegetal, como los cereales integrales, el jarabe de arce, las nueces de Brasil, las lentejas, el maíz, los garbanzos, los copos de salvado y las verduras de hoja verde.

Otros beneficios para la salud de consumir una dieta basada en plantas incluyen la pérdida de peso a largo plazo y el control del peso. En general, consumirá menos calorías pero se sentirá más lleno durante más tiempo al consumir alimentos ricos en fibra y proteínas. Las proteínas de origen vegetal también necesitan menos energía y tiempo para ser descompuestas, lo que permite una digestión y un metabolismo más fluido en energía. Mientras que los productos de origen animal, especialmente los que están muy procesados, pueden contener grasas trans que pueden provocar colesterol malo, los productos de origen vegetal no crearán colesterol malo a menos que consuma en exceso los que tienen grasas saturadas, como el aceite de coco o el aceite de maíz.

# Chapter 1. ¿Qué es una dieta basada en plantas?

Una dieta basada en plantas no es sinónimo de una dieta vegetariana o vegana. Aunque estos términos se utilizan a menudo indistintamente, no son lo mismo.

Una dieta basada en plantas se centra en consumir proporcionalmente más alimentos de origen vegetal y reducir los alimentos de origen animal. Sin embargo, no implica necesariamente la eliminación de grupos enteros de alimentos y fuentes magras de proteínas. Esto significa que quienes siguen una dieta basada en plantas pueden optar por comer algo de carne.

Por otro lado, ser vegano significa estar estrictamente en contra de los productos animales en cualquiera de sus formas, desde no comer nunca carne ni productos lácteos hasta no patrocinar productos probados en animales y no usar productos animales como el cuero.

Una dieta saludable basada en plantas generalmente hace hincapié en satisfacer sus necesidades nutricionales comiendo más alimentos vegetales enteros, mientras se reduce la ingesta de productos animales. Los alimentos integrales se refieren a los alimentos naturales, sin refinar o mínimamente refinados. Los alimentos vegetales son aquellos que no tienen ingredientes de origen animal, como la carne, los huevos, la miel, la leche y otros productos lácteos.

En cambio, los que siguen una dieta vegetariana pueden seguir comiendo alimentos procesados y refinados. Los vegetarianos pueden incluso comer comida rápida, comida basura y otros aperitivos salados sin sentir culpa.

Una vez que comience con esta dieta, notará una gran diferencia en cómo se siente cada día. Desde el momento en que se levante por la mañana, sentirá que tiene más energía y que no se cansa tan fácilmente como antes. También tendrá más concentración mental y menos problemas relacionados con el estado de ánimo.

En cuanto a la digestión, se dice que una dieta basada en plantas mejora el funcionamiento del sistema digestivo. De hecho, las personas que siguen la dieta confirman menos incidencias de dolores de estómago, hinchazón, indigestión e hiperacidez.

Luego está el beneficio de la pérdida de peso que no podemos olvidar. Dado que una dieta basada en plantas significa comer frutas, verduras y granos enteros que tienen menos calorías y son más bajos en grasa, usted disfrutará de los beneficios de pérdida de peso que algunas otras dietas de moda no son capaces de proporcionar.

Además de ayudar a perder peso, mantiene el peso ideal durante más tiempo porque esta dieta es más fácil de mantener y no requiere la eliminación de ciertos grupos de alimentos.

No se preocupe por no obtener suficientes nutrientes de su ingesta de alimentos. Esta dieta proporciona todos los nutrientes necesarios, incluyendo proteínas, vitaminas, minerales, carbohidratos, grasas y antioxidantes. Y, de nuevo, esto se debe a que no elimina ningún grupo de alimentos, sino que sólo te anima a centrarte más en los productos alimenticios de origen vegetal.

## Historia de la dieta basada en plantas

Como puedes imaginar, los humanos han estado consumiendo una dieta basada en plantas antes de la invención de McDonald's y algunas de nuestras otras cadenas de comida rápida favoritas. Para comenzar nuestro viaje, voy a empezar en los tiempos de los cazadores-recolectores. Aunque podríamos remontarnos aún más atrás (¡piensa en el Antiguo Egipto!), creo que es aquí donde una dieta basada en plantas adquiere mayor relevancia.

Caza y recolección

El período de los cazadores-recolectores es donde encontramos las primeras pruebas de la caza. Aunque tenemos una larga historia de consumo de carne, este fue un momento en el que el consumo de carne era muy limitado. Por supuesto, que los humanos coman carne no significa que seamos carnívoros; de hecho, la forma en que estamos construidos nos dice lo contrario. Sí, podemos consumir carne, pero los humanos se consideran omnívoros. Esto se deduce del diseño de nuestras mandíbulas, la velocidad de desplazamiento, el tracto alimentario y el hecho de que no tenemos garras en los dedos. La historia también nos dice que somos omnívoros por naturaleza; sin embargo, la evolución de nuestro cerebro humano nos llevó a convertirnos en cazadores para poder sobrevivir.

La necesidad de cazar no surgió hasta que nuestros antepasados abandonaron las regiones tropicales. Otros lugares influyeron en la disponibilidad de alimentos de origen vegetal. En lugar de soportar el invierno con cantidades limitadas de alimentos, ¡tuvimos que adaptarnos! Por supuesto, debido al hambre, la carne animal se vuelve mucho más atractiva. En esta época, nuestros antepasados no tenían una tienda de comestibles para comprar lo que necesitaban. En su lugar, aprovechaban la oportunidad de cazar y recolectar para mantenerse vivos.

Agricultura

Con el tiempo, dejamos de cazar y recolectar y empezamos a ser agricultores. Aunque esta línea de tiempo es un poco complicada y la historia de la agricultura comenzó en diferentes puntos en diferentes partes del mundo, todo lo que importa es que en algún momento los animales comenzaron a ser domesticados y los productos lácteos, los huevos y la carne se hicieron fácilmente disponibles. Una vez que esto comenzó, los humanos ya no necesitaban cazar ni recolectar porque los agricultores nos proporcionaban todo lo que podíamos desear.

## Chapter 2. ¿Cuáles son los beneficios de una dieta basada en plantas?

Adoptar una dieta basada en plantas tiene muchos beneficios. Algunas personas experimentan los efectos positivos del veganismo en las primeras etapas del proceso, mientras que otras notan las ventajas a lo largo de un periodo de tiempo más largo. Los beneficios son comunes y se desarrollan a medida que el cuerpo se acostumbra a los cambios dietéticos.

• La pérdida de peso es una de las principales ventajas de consumir más verduras y alimentos de origen vegetal, ya que contienen grandes cantidades de fibra, lo que aumenta su función metabólica. Los estudios indican que los veganos tienen un índice de masa corporal más bajo y, en general, tienden a ser más delgados. Esto se debe en gran medida al alto nivel de fibra de las verduras y frutas, que constituyen una parte importante de la dieta. La fibra ayuda al cuerpo a procesar y absorber los nutrientes con mayor rapidez y eficacia que las dietas omnívoras o basadas en la carne.

• Una dieta basada en plantas reduce el riesgo de enfermedades cardiovasculares. Si las afecciones cardíacas se dan en su familia como un riesgo genético mayor, puede reducir la probabilidad de sufrir un ataque cardíaco o daños en las arterias comiendo muchas frutas y verduras frescas. Las carnes, y más concretamente las carnes rojas como el cerdo y la ternera, contribuyen a la acumulación de placa en las arterias, lo que repercute en el funcionamiento del corazón. Con el tiempo, esto estrecha las arterias y reduce el flujo sanguíneo, lo que aumenta la presión arterial y el riesgo de sufrir un ataque al corazón.

• Los alimentos veganos reducen la inflamación causada por los alimentos de origen animal, que son altamente ácidos. Las afecciones crónicas, como la artritis, pueden hacer que el cuerpo se hinche por la inflamación, lo que puede provocar dolor en zonas específicas del cuerpo, y esto puede extenderse y empeorar con el tiempo. Aunque la inflamación es la respuesta del cuerpo para luchar contra las infecciones y las enfermedades, puede producirse de forma incorrecta y durante largos periodos de tiempo, lo que provoca un dolor constante. Cuando se vuelve crónico, el tratamiento del dolor se suele prescribir en forma de medicación y modificaciones en la dieta. Los alimentos de origen vegetal proporcionan alivio reduciendo e incluso previniendo o deteniendo la inflamación por completo una vez que el veganismo se convierte en parte habitual de la dieta.

• Se reduce el riesgo de desarrollar diabetes de tipo 2 cuando se pasa de una dieta basada en animales o lacto-ovo vegetariana. De hecho, algunas investigaciones indican que el riesgo de desarrollar diabetes se reduce a la mitad. Si ya te han diagnosticado diabetes, adoptar una dieta vegana es una opción mucho mejor para controlar tus niveles de azúcar. Esto se debe a que las fuentes naturales de azúcar de las frutas y verduras no están procesadas y no son excesivas. Cuando se sigue una dieta basada en animales, se presta menos atención a las fuentes naturales de alimentos en muchos casos, ya que las verduras y otros alimentos pasan a un segundo o tercer plano de importancia en muchas comidas en las que la carne es el elemento principal. Cuando se pasa a una alimentación basada en plantas, la calidad de los alimentos adquiere mayor importancia porque se absorben rápidamente, ya que el cuerpo los digiere con mayor eficacia que los alimentos de origen animal.

• Los estudios han demostrado un menor riesgo de cáncer en las personas que siguen una dieta basada en plantas y evitan los productos animales y lácteos. Estas investigaciones indican una relación entre el consumo de carne roja y el cáncer, debido a la cantidad de grasas trans y carcinógenos que suelen contener estas carnes. Uno de los cánceres más específicos que se previenen con una dieta vegana es el de colon. Los carcinógenos contribuyen a la acumulación de un crecimiento celular anormal, formando el cáncer. De hecho, las proteínas que se encuentran en la carne pueden aumentar el crecimiento de las células cancerosas y acelerar el proceso, mientras que las proteínas veganas o de origen vegetal no tienen el mismo efecto.

• Comer alimentos veganos es mejor para la digestión y favorece la regularidad al tiempo que previene el estreñimiento. Esta es también una gran manera de aumentar su tasa metabólica y funciona bien con una rutina de ejercicio regular. Es prácticamente imposible ser obeso o tener un sobrepeso significativo mientras se sigue una dieta basada en plantas.

• En general, te sentirás mejor y cualquier hinchazón o problema gástrico, incluidos los calambres, suele desaparecer. Una dieta vegana es excelente para las mujeres de todas las edades y puede aliviar los síntomas de los cólicos menstruales y las molestias, así como los efectos secundarios asociados a la entrada en la menopausia. Una dieta basada en plantas tiene todos los ingredientes necesarios para mejorar tu forma de vida, incluyendo tu bienestar mental, físico y psicológico.

Aparte de los beneficios generales de una dieta vegana, hay muchas razones por las que cada vez más atletas se decantan por la alimentación vegetal. Se ha convertido en una forma mucho más fácil de vivir y comer, con todas las nuevas alternativas a la carne y los lácteos y la popularidad general. Estas razones están basadas en la investigación y los efectos, cuando se experimentan, proporcionan muchas ventajas para un estilo de vida activo .

Los beneficios de una dieta vegana son abundantes para los culturistas, los participantes en maratones y todos los demás tipos de atletas. Contrariamente a los mitos y conceptos erróneos sobre la alimentación basada en plantas, existen muchas fuentes de proteínas, calcio, vitaminas y otros nutrientes que favorecen el desarrollo saludable de los músculos y el crecimiento de los tejidos a nivel celular. Una dieta vegana se basa principalmente en alimentos naturales e integrales, dejando poco o ningún espacio para los productos procesados. También es más sencillo preparar y planificar las comidas veganas y disfrutar de las ventajas de crear nuevas y deliciosas recetas y encontrar una amplia gama de opciones más allá de los lácteos y la carne.

¿Cuáles son los beneficios específicos de abandonar los productos de origen animal por una alimentación basada en plantas? En primer lugar, si lleva un estilo de vida físicamente activo, tendrá que aumentar su consumo de calorías. Como atleta, su IMC o peso corporal estará dentro de un rango saludable, y no se recomienda reducir las calorías. Al mismo tiempo, es importante no consumir un número excesivo de calorías, que es donde una dieta vegana proporciona un equilibrio esencial. Si te ciñes a los alimentos de origen vegetal, obtendrás todos los nutrientes y obtendrás la cantidad adecuada de calorías que necesitas para mantener y mejorar tu cuerpo y tu rendimiento deportivo.

Un estilo de vida atlético es una forma saludable de vivir, aunque el riesgo de padecer enfermedades cardíacas puede seguir siendo el mismo si se continúa con una dieta basada en animales. De hecho, el culturismo y otros ejercicios de entrenamiento de fuerza pueden aumentar el tamaño de su corazón y exigirle que funcione más y con más fuerza, lo que puede ser peligroso, especialmente si come una gran cantidad de carne roja y grasas trans que se encuentran en los alimentos procesados. Una dieta basada en plantas reduce este riesgo en cerca de un 40 por ciento, lo cual es significativo y puede ayudarte a evitar la posibilidad de un paro cardíaco en el futuro. También tendrás unas arterias, un flujo sanguíneo y una absorción de nutrientes más saludables, lo que se debe a que tu sangre se vuelve más viscosa o espesa. Cuando esto ocurre, su sangre es capaz de transportar los nutrientes de forma más eficaz por todo el cuerpo. Esto también mantiene los niveles de colesterol bajo control, evitando que se eleven demasiado, lo que puede contribuir a muchos otros problemas de salud. Como los nutrientes se transportan mejor dentro del cuerpo, tendrá un mayor suministro de oxígeno que alimenta los músculos y mejora el rendimiento.

Con una dieta rica en frutas y verduras frescas, las personas que se alimentan de forma vegana consumen más antioxidantes que sus homólogos que siguen una dieta basada en la carne. Por esta razón, están mejor equipados para combatir y prevenir las enfermedades causadas por la producción de radicales libres en el cuerpo. Los radicales libres se producen cuando se consumen alimentos procesados y tóxicos. Pueden dañar e interferir con las funciones naturales del cuerpo, favoreciendo el crecimiento de tumores, células cancerosas y diversas infecciones.

Los antioxidantes, en cambio, combaten y evitan el desarrollo de los radicales libres, protegiendo al organismo de ellos. Si aumenta la cantidad de estos nutrientes en su dieta, disfrutará de una gran reducción del riesgo de desarrollar estas afecciones. Las bayas, los cítricos, las verduras de hoja oscura y las granadas son grandes fuentes de antioxidantes. Las semillas de chía son otra fuente excelente y pueden añadirse fácilmente a los batidos y a los postres de origen vegetal.

A medida que te familiarices con todas las opciones de una dieta basada en plantas, junto con estos y otros beneficios, descubrirás que hay muchas opciones útiles para los alimentos veganos, incluyendo un sinfín de recetas e ideas, todas ellas deliciosas y fáciles de preparar.

Cómo prepararse antes de empezar una dieta vegana

Antes de que te sumerjas en el mundo de la alimentación basada en plantas, aquí tienes algunos pasos importantes y sugerencias para mantenerte centrado y tener éxito una vez que empieces:

**Es importante que te adaptes a una dieta basada en plantas en tus propios términos y a tu propio ritmo.** No todo el mundo puede deshacerse de todos los productos de origen animal en un día y pasarse por completo a la alimentación vegana sin hacer cambios por etapas a lo largo de varias semanas, incluso meses. Cada persona es diferente, y una vez que descubras lo que funciona mejor para ti, podrás hacer esos cambios dentro de tu propio marco de tiempo. Por ejemplo, puedes empezar por reducir la carne o empezar por los lácteos. Recorte los alimentos de origen animal que no come con tanta frecuencia, o elimine un elemento específico a la vez, como la carne de vacuno, el pollo o ciertos productos lácteos.

**Cambia los alimentos a base de carne y lácteos por una alternativa vegana cercana.** Por ejemplo, si normalmente disfrutas de un sándwich de jamón o un wrap de ensalada de atún, puedes probar el hummus y el tempeh ahumado o el tofu con brotes como una forma sabrosa de pasar a tus opciones veganas. También hay rodajas de queso vegano que tienen sabores similares a sus homólogos lácteos, que se pueden utilizar de la misma manera en subs, envolturas y sándwiches. Un hongo portobello a la parrilla funciona bien en lugar de una hamburguesa de carne, y un guiso de lentejas en lugar de una sopa de carne. Las salsas y pastas para untar a base de humus y berenjena funcionan como excelentes sustitutos de las opciones de mayonesa y queso.

No tenga miedo de probar nuevos alimentos, incluidas las frutas y verduras que suele elegir en sus viajes habituales al supermercado. Compre en mercados de alimentos locales y en tiendas especializadas en productos importados. Pruebe al menos una fruta o verdura nueva cada dos semanas, incluyendo algo que no suela comer. Para algunas personas, esto podría ser berenjena, calabaza o col rizada. Algunas de estas opciones pueden no parecer tan favorables hasta que las utilices en una receta. Descubrirás una nueva y emocionante forma de utilizar los alimentos de origen vegetal. La calabaza, por ejemplo, puede parecer poco apetecible para algunos porque no han experimentado el suave aroma de la sopa de calabaza o como verdura asada. Si al principio no te sientes cómodo probando un nuevo alimento por tu cuenta, busca un restaurante que tenga ese elemento específico en un plato. Los bufés o los restaurantes veganos son un buen comienzo y pueden ofrecer muchas ideas y sabores nuevos que probar, inspirando y ampliando tu paladar.

Familiarízate con todos los alimentos de origen vegetal que aportan nutrientes esenciales y haz que formen parte de tu lista de la compra habitual. Las alubias, los cereales, las verduras, las manzanas, las bayas, los aguacates, los alimentos de soja y otras opciones veganas son una gran base sobre la que construir. Tenga en cuenta las proteínas, los minerales (hierro, cobre, magnesio, etc.), las vitaminas, la fibra y otros nutrientes organizándolos en una tabla o categorías y enumerando los alimentos que contienen una fuente significativa de cada uno, como se indica a continuación:

Proteínas: alubias, soja (tofu, tempeh, miso),

Potasio - plátanos, sandía, patatas

Vitamina C: naranjas, limón, lima, pomelo, pimientos, manzanas

Vitamina B/beta caroteno - zanahorias, calabaza, boniatos/batatas

Antioxidantes - bayas, semillas de chía

Grasas saludables: aguacate, semillas de lino, semillas de cáñamo, aceite de coco, aceite MCT

Hierro: verduras de hoja verde, col, remolacha

¿Tiene usted alergias o sensibilidades alimentarias? Muchas personas las descubren a una edad temprana y, a veces, la intolerancia a ciertos alimentos se desarrolla más tarde. Los cacahuetes, el marisco, los crustáceos y los productos con gluten son alimentos comunes a los que ciertas personas se vuelven alérgicas o deben evitarlos, ya sea por reacciones leves o por consecuencias fatales en algunas raras circunstancias. Toma nota de cualquier sensibilidad que tengas y fíjate en si es o no vegana. Muchas intolerancias están relacionadas con los lácteos porque algunas personas tienen dificultades para digerir la lactosa, que es un azúcar que contiene la leche. Afortunadamente, no tendrás que preocuparte por los alimentos de origen animal que provocan reacciones. Convertirse en vegano significa, con toda probabilidad, reducir el número de alimentos que debe evitar y permitirle probar nuevas opciones.

Piense en los alimentos de origen vegetal que le gustan actualmente y conviértalos en parte de su dieta de inmediato. Esto incluye las comidas que tomas en los restaurantes, las opciones de buffet y los tentempiés que puedes disfrutar sobre la marcha cuando vas al trabajo o a la escuela. Los cereales calientes, la granola, los plátanos, el humus y las galletas saladas, el guacamole y las guarniciones de verduras son ejemplos de lo que ya puede disfrutar y puede seguir incluyendo en su dieta cuando cambie completamente a los alimentos veganos.

Intenta adaptar algunos de tus alimentos favoritos a base de carne o lácteos a versiones veganas, como una salsa de pasta vegetal en lugar de salsa de carne, o tofu al curry en lugar de pollo. Puede que te parezca que lo mejor es tomar como referencia una receta y sustituir elementos específicos por opciones veganas, o si eres un cocinero más experimentado, prueba tus propias creaciones basadas en los platos que te inspiran.

Algunas personas se sienten cómodas con el lacto ovo vegetarianismo, que puede ser un paso hacia el veganismo. El método de alimentación lacto ovo incluye productos lácteos y huevos, sin carne. Para otras personas, la dieta pescatariana funciona bien, ya que les permite comer pescado mientras eliminan todas las demás carnes. Ambas formas de semivegetarianismo son caminos hacia una dieta totalmente vegetal.

Tómese un tiempo de su agenda para explorar los menús veganos, los nuevos restaurantes veganos (suelen ser más comunes de lo que cree, especialmente en las zonas urbanas) y los artículos de alimentación. Aunque algunas versiones veganas del queso, los productos lácteos y la carne pueden parecer poco atractivas al principio, es posible que te sorprenda gratamente la variedad de opciones disponibles. Los días de los sustitutos veganos insípidos y poco apetecibles han quedado atrás, y le espera una gran variedad de mezclas sabrosas, picantes y aromáticas de queso vegano (a base de soja o vegetales), yogures cultivados en coco, opciones a base de frutos secos y leche de soja. Los sustitutos de la carne a base de soja han mejorado mucho hasta el punto de ser indistinguibles de los productos cárnicos reales, como las hamburguesas y los perritos calientes.

Las alubias, las legumbres y los cereales son una forma excelente y nutritiva de mejorar tus comidas y construir una base para ellas. El arroz es uno de los alimentos más versátiles y puede proporcionar la energía necesaria en forma de carbohidratos antes de un torneo o maratón importante. Las lentejas, las alubias rojas, las alubias negras y los garbanzos son grandes fuentes de proteínas y fibra. Utiliza todas las opciones posibles, como la quinoa, el cuscús, la avena, la cebada y muchos otros cereales, ya que aumentarán el valor nutritivo y energético de cada comida. Explora el veganismo a tu manera, y tómate tu tiempo para que te familiarices y te sientas cómodo con el cambio de la alimentación basada en la carne a la basada en las plantas. (Cook Creatively, 2016)

Formas de potenciar los beneficios de una dieta vegana

Para maximizar los beneficios de una dieta basada en plantas, hay algunas prácticas a tener en cuenta. Estas acciones pueden aumentar los beneficios de lo que la alimentación vegana puede hacer por su cuerpo y su salud en general:

• **Coma crudo siempre que sea posible.** Disfrutar de una comida con verduras salteadas y rehogadas puede ser excelente, pero si puedes, intenta aumentar el número de comidas con opciones de alimentos crudos, como ensaladas, hummus con un puñado de pimientos, pepinos, zanahorias y apio, o una ensalada de frutas. Aprovecha los aderezos de productos crudos en hamburguesas vegetales o hamburguesas de champiñones portobello. Disfruta de una naranja o una manzana entre horas como tentempié o de una granada con los cereales de la mañana.

Añade grasas saludables a tu dieta. Esto incluye las grasas monoinsaturadas y poliinsaturadas, que ayudan a potenciar la función cognitiva y aportan muchos nutrientes. Puedes encontrarlas en los aguacates, el aceite de coco, el aceite de oliva, los frutos secos y las semillas. Incorporar un pequeño puñado de frutos secos y semillas o un aguacate cada día te asegurará obtener la cantidad adecuada de grasas que necesitas en tu dieta. Las semillas de lino y cáñamo también son buenas opciones.

• **Para reducir el azúcar en su dieta, utilice la fruta como parte o la totalidad de una opción de postre.** Por ejemplo, un mango crudo en rodajas con crema de coco es una opción sabrosa, o prueba con manzanas ligeramente horneadas espolvoreadas con canela. Un cuenco de bayas frescas en leche de almendras con o sin cereales puede ser una excelente opción para el desayuno o un tentempié de mediodía. Si estás a menudo en movimiento, los plátanos y las manzanas son también grandes opciones.

Pruebe un nuevo alimento cada semana o cada dos semanas. Puede tratarse de algo que no hayas probado nunca, como una fruta o verdura exótica poco frecuente, o una semilla o un fruto seco que no se encuentren habitualmente en las tiendas de comestibles. Procure visitar y comprar en mercados de alimentos extranjeros y pregunte si puede probar nuevos alimentos. La jaca, la papaya, la guayaba y el taro son ejemplos de alimentos que están adquiriendo popularidad en la cocina y las recetas veganas.

• Añade un puñado de frutos secos y semillas a tu dieta siempre que necesites un tentempié rápido. Acostumbrarse a tener a mano una fuente de alimentación saludable le facilitará la tarea.

# Chapter 3.   Dieta vegana frente a la vegetal

Es bastante común que la gente confunda una dieta vegana con una dieta basada en plantas o viceversa. Pues bien, aunque ambas dietas comparten similitudes, no son exactamente iguales. Así que vamos a desglosarlas rápidamente.

Vegano

Una dieta vegana es aquella que no contiene productos de origen animal (lácteos, carne, huevos y productos derivados de los animales, como la miel). Esto significa que no utilizan ni promueven el uso de ropa, zapatos, accesorios, champú y maquillaje que hayan sido fabricados con materiales procedentes de animales. Algunos ejemplos son la lana, la cera de abeja, el cuero, la gelatina, la seda y la lanolina. La motivación de las personas para llevar un estilo de vida vegano suele provenir del deseo de hacer frente y luchar contra el maltrato animal y el mal trato ético de los animales, así como de promover los derechos de los animales.

Dieta basada en plantas

Por otro lado, este tipo de dieta comparte una similitud con el veganismo en el sentido de que tampoco promueve el consumo dietético de productos de origen animal. Esto incluye los lácteos, la carne y los huevos. La idea aquí es hacer una dieta de frutas, verduras, granos enteros, nueces, semillas y legumbres mínimamente procesadas o sin procesar. Por lo tanto, NO habrá galletas Oreo para ti. Los seguidores de la dieta integral basada en plantas suelen estar motivados por los beneficios que aporta a la salud. Se trata de una dieta que tiene muy poco que ver con la restricción de calorías o el recuento de macros, sino sobre todo con la prevención y reversión de enfermedades.

## Beneficios de la dieta vegana

Una dieta vegana tiene varios beneficios, especialmente en lo que respecta a la nutrición. Consumirás muchos nutrientes y muchas menos grasas saturadas. Por muy bien que suene, puede ser un reto para alguien que renuncie a los alimentos de origen animal, porque tiene que encontrar fuentes alternativas de proteínas, vitaminas, minerales, hierro y grasas no saturadas. Si no planifican su nueva dieta con cuidado, podrían enfrentarse a ciertos riesgos para la salud.

Las personas que siguen una dieta vegana pueden hacerlo por algo más que por razones de salud. Puede que adopten una postura para promover la protección del medio ambiente y poner fin a la crueldad con los animales.

Beneficios nutricionales:

-Reducción de las grasas saturadas: la dieta vegana tiene menos grasas saturadas que mejoran la salud, especialmente en lo que respecta a las enfermedades coronarias

Más energía: más carbohidratos en una dieta basada en plantas proporcionan energía al cuerpo, fibra: una dieta vegana alta en fibra conduce a un movimiento intestinal más saludable y ayuda en la lucha contra el cáncer de colon

-Antioxidantes: las verduras y las frutas son ricas en antioxidantes que protegen al organismo de algunos tipos de cáncer

-Vitaminas: las vitaminas refuerzan el sistema inmunitario, curan las heridas más rápidamente y benefician a la piel, los ojos, el cerebro y el corazón.


Prevención de enfermedades:

-Enfermedades cardiovasculares: mejorar la salud cardiovascular y prevenir el infarto de miocardio y el ictus

Colesterol: eliminar los alimentos de origen animal significa eliminar el colesterol de la dieta, lo que mejora la salud del corazón

-Presión arterial: la dieta vegana es rica en alimentos integrales, lo que es beneficioso para reducir la presión arterial alta

-Cáncer: el cambio a una dieta vegana revirtió muchas enfermedades como la reducción de las posibilidades de cáncer de próstata, cáncer de colon y cáncer de mama

Artritis: la dieta basada en plantas es muy prometedora para mejorar la salud de las personas que padecen artritis

Beneficios físicos

-Índice de masa corporal (IMC): la dieta sin carnes reduce el IMC, que es un indicador de pérdida de peso saludable

-Pérdida de peso: la dieta vegana elimina los alimentos poco saludables que tienden a provocar un aumento de peso

Piel sana: las vitaminas y otros nutrientes esenciales de los vegetales hacen que la piel esté sana, por lo que los veganos tienen una piel sana.

-Mayor longevidad: los veganos viven de tres a seis años más que las personas que no siguen un estilo de vida vegano o vegetariano

-Olor corporal: eliminar la carne y los productos lácteos de la dieta reduce el olor corporal, y el cuerpo huele mejor

Cabellos y uñas: las personas que siguen una dieta vegana tienen cabellos fuertes y uñas más sanas

-Migrañas y alergias: la dieta vegana es un alivio para las migrañas y reduce los síntomas de alergia, el goteo nasal y la congestión.

# Chapter 4. Nutrición vegetal para el deporte

## Carbohidratos y grasas: qué son y cómo afectan al rendimiento

Para que los deportistas alcancen el equilibrio energético, también necesitan la cantidad adecuada de proteínas, carbohidratos y grasas. Los macronutrientes proporcionan el combustible para el gasto energético y los deportistas deben consumirlos en cantidades adecuadas. De lo contrario, se limita la disponibilidad de energía.

Rendimiento deportivo y carbohidratos

Los carbohidratos son un nutriente esencial en la dieta de un deportista; permiten que el cuerpo rinda al máximo durante la actividad física por dos razones:

Energía: El cerebro y el cuerpo necesitan energía para funcionar; cuando los carbohidratos se consumen y se digieren, se descomponen en glucosa, que se almacena en los músculos y el hígado y se utiliza como combustible durante la actividad física. Según el doctor Michael Gleeson y el doctor Jeukendrup, varios estudios indican que alimentar el cuerpo con carbohidratos durante 45 minutos o más puede mejorar el rendimiento deportivo y la resistencia.

Aumento de la masa muscular: Cuando hay un suministro limitado de glucosa en el cuerpo, otros nutrientes como la proteína muscular y la grasa se utilizan como energía. Cuando los músculos reciben la cantidad adecuada de carbohidratos, la proteína puede realizar eficazmente su trabajo principal de reparar y reconstruir el tejido muscular, lo que impulsa la ganancia muscular.

Los carbohidratos ayudan a los atletas a rendir al máximo al reponer las reservas de glucógeno muscular, lo que no es posible con una dieta baja en carbohidratos y alta en proteínas.

Grasas: la diferencia entre lo bueno y lo malo

Durante un rendimiento deportivo, la principal fuente de energía del cuerpo proviene de los hidratos de carbono; sin embargo, cuando se realizan entrenamientos de baja intensidad y largos periodos de actividad deportiva, la principal fuente de energía son las grasas.

La grasa es una parte esencial de nuestra dieta; sin embargo, para disfrutar de sus beneficios para la salud, hay que entender la diferencia entre las grasas buenas y las malas. Las grasas procedentes de la carne y los productos lácteos se denominan grasas saturadas, y aumentan la cantidad de colesterol malo (lipoproteína de baja densidad, LDL) en la sangre. Quienes consumen cantidades excesivas de grasas saturadas aumentan el riesgo de padecer enfermedades cardíacas o accidentes cerebrovasculares, afirma la Asociación Americana del Corazón. Una dieta vegana contiene cantidades limitadas de grasas saturadas; éstas se encuentran en alimentos como la manteca de cacao, el aceite de palma y los cocos. Por lo tanto, se aconseja que quienes sigan una dieta basada en plantas se abstengan de consumir alimentos de origen vegetal con alto contenido en grasas saturadas. Si va a consumir estos alimentos, asegúrese de que representan menos del 30% de la grasa que ingiere.

Muchos alimentos de origen vegetal contienen grasas monoinsaturadas, que contribuyen a reducir el colesterol LDL, lo que disminuye el riesgo de infarto y enfermedades cardíacas. Los alimentos que contienen grasas monoinsaturadas son las nueces, las nueces de Brasil y las almendras, el aceite de oliva, los aguacates y el tahini.

A pesar de los efectos negativos de las grasas saturadas, su principal beneficio es que aumentan los niveles de serotonina. La serotonina es una hormona importante que interviene en la regulación del estado de ánimo y se sabe que alivia la depresión, mejora el sueño y reduce la sensación de ansiedad.

Por último, las grasas buenas mejoran la capacidad de absorción de nutrientes del cuerpo, siendo los principales nutrientes las vitaminas A, D y E; como vitaminas liposolubles, el cuerpo no las absorbe sin la ayuda de las grasas saludables. Las vitaminas A, D y E son las responsables de mantener la piel sana, crear hormonas y reforzar el sistema inmunitario.

Cómo consumir grasas saludables en una dieta vegana

Hay muchas formas de consumir grasas saludables en una dieta vegana; he aquí algunas de ellas:

Cocine los champiñones, la calabaza de invierno y las zanahorias en aceite de oliva.

Come frutos secos ricos en grasas insaturadas, como las almendras, después de entrenar. Las grasas insaturadas son capaces de reducir la inflamación; por lo tanto, es probable que experimentes un menor dolor muscular.

Utiliza semillas de lino en lugar de aceite de linaza, ambos son ricos en grasas saludables, pero las semillas de lino también son altas en fibra.

Aumente el consumo de grasas poliinsaturadas para reducir los niveles de colesterol.

Infórmese sobre los alimentos ricos en grasas saludables.


## El potencial de las proteínas: por qué son cruciales para los atletas

Una nutrición adecuada es esencial para que los deportistas rindan al máximo. Utilizan cantidades excesivas de energía durante los entrenamientos largos e intensos; el cuerpo también experimenta cambios como el daño muscular. Para que el cuerpo se recupere, necesita un descanso y una nutrición suficientes, lo que permite lo siguiente:

Restauración y crecimiento muscular

Limita la posibilidad de enfermedades y lesiones

Prepara el cuerpo para otro entrenamiento intenso

Para que el cuerpo se recupere, necesita reponer el sudor perdido con electrolitos y líquidos, proteínas para reconstruir y reparar el tejido muscular y carbohidratos para reponer el glucógeno. Cuando se trata de la recuperación, las proteínas son vitales porque los atletas necesitan mucho más que la persona sana media que hace una cantidad limitada de ejercicio.

Proteínas: ¿en qué cantidad?

Los atletas deben consumir proteínas entre 30 y 60 minutos después de un entrenamiento para obtener las máximas reservas de glucógeno y mejorar la síntesis de proteínas musculares. Entre 30 y 60 minutos después de un entrenamiento es el momento perfecto para reponer energía con proteínas y carbohidratos porque las proteínas aceleran el proceso de conversión de los músculos en energía almacenada. Sin embargo, si no puedes repostar durante este periodo de tiempo, asegúrate de ingerir algo de proteína en tus tentempiés y comidas a lo largo del día. Estas son las cantidades recomendadas de proteínas que debes consumir:

1 gramo por kilo: Esta cantidad de proteína te proporciona lo suficiente para construir músculo.

0,82 gramos por kilo: Hay mucha especulación sobre si 0,82 gramos son suficientes proteínas para facilitar el crecimiento muscular; sin embargo, las investigaciones sugieren que sí, pero es la cantidad más baja que deberías consumir.

1,5 gramos: Si te pasas sistemáticamente con tus cheat meals, 1,5 gramos por cada kilo de proteína te beneficiará.

La proteína adicional probablemente no se traducirá en un aumento de las ganancias; sin embargo, el aumento de su consumo de proteínas hará lo siguiente:

Te mantendrá lleno durante más tiempo

Comer más proteínas te obligará a comer menos chatarra porque tus opciones de comida están restringidas

El efecto térmico de los alimentos (TEF) sugiere que las proteínas no tienen 4 kcal por gramo, sino más bien 3,2 kcal por gramo

Si le preocupa su consumo de proteínas, puede obtener todas sus necesidades diarias a través de una dieta equilibrada, basada en plantas y con suficientes calorías. En este libro encontrarás un montón de deliciosas recetas, así como una detallada guía de nutrición.

## Besties a base de plantas - Las fuentes de proteínas para un máximo impacto

Lentejas - Las lentejas cocidas contienen los siguientes valores nutricionales por 125 gramos:

Grasa: 0,5 gramos
Carbohidratos: 20 gramos
Fibra dietética: 8 gramos
Proteína 9 gramos

Los beneficios de las lentejas para la salud

Las lentejas son ricas en polifenoles que protegen el cuerpo contra la radiación, los rayos ultravioleta, las enfermedades cardíacas y el cáncer. También ayudan a mantener el peso y la salud digestiva.

Brócoli - El brócoli crudo contiene los siguientes valores nutricionales por 90 gramos:

Grasa: 0,3 gramos
Carbohidratos: 6 gramos
Fibra dietética: 2,4 gramos
Proteínas: 2,6 gramos

Los beneficios del brócoli para la salud

El brócoli contiene varios nutrientes potentes, como la vitamina K, que es esencial para el proceso de coagulación de la sangre, y la vitamina C, un potente antioxidante que protege al organismo de los radicales libres dañinos.

Levadura nutricional - La levadura nutricional cruda contiene los siguientes valores nutricionales por 15 gramos:

Grasa: 0,5 gramos

Carbohidratos: 5 gramos

Fibra dietética: 3 gramos

Proteínas: 8 gramos

Los beneficios para la salud de la levadura nutricional

La levadura nutricional tiene un alto contenido en vitamina B12, que ayuda a regular el sistema nervioso central, potencia la energía, el mantenimiento del sistema digestivo y protege al organismo contra el cáncer de mama, el cáncer de colon y el cáncer de estómago. La levadura nutricional es buena para las personas con diabetes porque no contiene azúcar y, por tanto, se considera un alimento de bajo índice glucémico.

Mantequilla de cacahuete en polvo - La mantequilla de cacahuete cruda en polvo contiene los siguientes valores nutricionales por 13 gramos:

Grasa: 1,5 gramos

Carbohidratos: 5 gramos

Fibra dietética: 1 gramo

Proteínas: 6 gramos

Los beneficios para la salud de la mantequilla de cacahuete en polvo

La mantequilla de cacahuete en polvo contiene menos calorías y grasas que la mantequilla de cacahuete normal, por lo que es beneficiosa para quienes desean reducir su consumo de grasas y calorías. La mantequilla de cacahuete en polvo aporta los mismos beneficios para la salud que la mantequilla de cacahuete. Contiene varios nutrientes que ayudan a mejorar la salud del corazón, como la vitamina E, el magnesio, los ácidos grasos poliinsaturados y los ácidos grasos monoinsaturados. Es una buena fuente de magnesio, potasio y hierro, que mejora la circulación sanguínea.

Semillas de cáñamo - Las semillas de cáñamo crudas contienen los siguientes valores nutricionales por 28 gramos:

Grasa: 12 gramos
Carbohidratos: 3 gramos
Fibra dietética: 3 gramos
Proteínas: 10 gramos

Los beneficios para la salud de las semillas de cáñamo

Las semillas de cáñamo son una potente fuente de ácidos grasos esenciales, como el ácido alfa-linolénico, que es un omega-3. No contienen grasas trans y son bajas en grasas insaturadas. Las semillas de cáñamo contienen una amplia gama de vitaminas y minerales, como la vitamina E, el potasio, el magnesio y el folato. Tienen un alto contenido en ácidos grasos omega-3, que mejoran la salud del corazón y reducen la inflamación.

Quinoa - La quinoa cruda contiene los siguientes valores nutricionales por 219 gramos:

Grasa: 2,4 gramos
Carbohidratos: 25,7 gramos
Fibra dietética: 2,8 gramos
Proteínas: 5,7 gramos

Los beneficios de la quinoa para la salud

La quinoa contiene casi el doble de fibra que la mayoría de los demás cereales. La fibra ayuda a reducir la presión arterial alta y, por tanto, a disminuir el riesgo de sufrir un ataque al corazón. La quinoa tiene un alto contenido en hierro, que ayuda a mantener la salud de nuestros glóbulos rojos. El hierro también potencia la función cerebral porque ayuda a transportar el oxígeno al cerebro. Se sabe que la quinoa alivia las migrañas porque ayuda a relajar los vasos sanguíneos.

Pan integral germinado - El pan integral germinado crudo contiene los siguientes valores nutricionales por rebanada (34 g):

Grasa: 0,5 gramos

Carbohidratos: 15 gramos

Fibra dietética: 3 gramos

Proteínas: 4 gramos

Los beneficios para la salud del pan integral

Los cereales integrales están repletos de nutrientes como antioxidantes, vitaminas del grupo B, magnesio, cobre, zinc y hierro. Los estudios indican que una dieta rica en cereales integrales ayuda a reducir el riesgo de cáncer, obesidad, diabetes de tipo 2 y enfermedades cardíacas.

Tofu - El tofu crudo contiene los siguientes valores nutricionales por cada 85 gramos:

Grasa: 3,5 gramos

Carbohidratos: 2 gramos

Fibra dietética: 1 gramo

Proteínas: 8 gramos

Los beneficios del tofu para la salud

El tofu es una excelente fuente de aminoácidos, calcio, hierro, proteínas y otros micronutrientes. El tofu procede de la proteína de la soja, que ayuda a reducir el colesterol malo. Es bajo en calorías y no contiene gluten. También contiene isoflavonas que protegen al organismo contra la osteoporosis, las enfermedades cardíacas y el cáncer.

Semillas de chía - Las semillas de chía secas contienen los siguientes valores nutricionales para 28 gramos:

Grasa: 8,4 gramos

Carbohidratos: 13 gramos

Fibra dietética: 11 gramos

Proteínas: 6 gramos

Los beneficios de las semillas de chía para la salud

Las semillas de chía tienen un alto contenido en proteínas. Uno de los muchos beneficios de las proteínas es que ayudan a controlar el apetito y, por lo tanto, desempeñan un papel en el proceso de pérdida de peso. Las semillas de chía también son ricas en ácidos grasos omega-3; la combinación de omega-3 y proteínas estabiliza el azúcar en sangre y mejora la salud metabólica.

Alubias Edamame - Las alubias edamame crudas contienen los siguientes valores nutricionales por media taza (75 g):

Grasa: 5 gramos

Carbohidratos: 9 gramos

Fibra dietética: 8 gramos Proteínas: 12 gramos

Los beneficios para la salud de las judías Edamame

Las alubias Edamame tienen un alto contenido en proteínas y un bajo contenido en grasas, y los estudios indican que las personas que siguen una dieta alta en proteínas y baja en grasas consiguen una importante pérdida de peso porque experimentan menos hambre entre comidas.

Tempeh - El tempeh crudo contiene los siguientes valores nutricionales por cada 84 gramos:

Grasa: 6 gramos

Carbohidratos: 8 gramos

Fibra dietética: 5 gramos

Proteínas: 16 gramos

Los beneficios del tempeh para la salud

El tempeh es un producto de soja muy nutritivo que tiene un alto contenido en proteínas, prebióticos y una amplia gama de vitaminas y minerales. El tempeh contiene calcio, pero no contiene lácteos; como el tempeh procede de la soja, contiene isoflavonas, que es un compuesto vegetal natural que ayuda a reducir los niveles de colesterol.

Garbanzos - Los garbanzos crudos contienen los siguientes valores nutricionales por 82 gramos:

Grasa: 2 gramos

Carbohidratos: 22 gramos

Fibra dietética: 6 gramos

Proteínas: 7 gramos

Los beneficios de los garbanzos para la salud

Los garbanzos son bajos en calorías y ricos en proteínas, lo que acelera el proceso de pérdida de peso. También tienen un alto contenido en fibra, y la combinación de proteínas y fibra ayuda a controlar el peso porque suprime el apetito. Los garbanzos también se consideran un alimento de bajo índice glucémico, lo que es beneficioso para el control del azúcar en la sangre.

Cacahuetes - Los cacahuetes crudos contienen los siguientes valores nutricionales por 32 gramos:

Grasa: 16 gramos

Carbohidratos: 6 gramos

Fibra dietética: 2 gramos

Proteínas: 7 gramos

Los beneficios del cacahuete para la salud

Los cacahuetes son bajos en carbohidratos y ricos en nutrientes; contienen grasas poliinsaturadas y monoinsaturadas. Ayudan a mejorar los niveles de colesterol en la sangre, lo que reduce el riesgo de infarto y enfermedades cardíacas. Los cacahuetes están llenos de fibra y proteínas y ayudan a mantener el peso. Además, son un tentempié que satisface.

Almendras - Las almendras crudas contienen los siguientes valores nutricionales por 95 gramos:

Grasa: 47 gramos

Carbohidratos: 21 gramos

Fibra dietética: 12 gramos

Proteínas: 20 gramos

Los beneficios de las almendras para la salud

Las almendras son muy nutritivas y tienen un alto contenido en vitaminas, minerales, antioxidantes y grasas saludables. Las almendras son ricas en vitamina E, un antioxidante liposoluble que protege las células del estrés oxidativo. Varios estudios han relacionado la vitamina E con menores tasas de Alzheimer, cáncer y enfermedades cardíacas.

Espirulina - La espirulina cruda contiene los siguientes valores nutricionales por 10 gramos:

Grasa: 0,8 gramos

Carbohidratos: 2,5 gramos

Fibra dietética: 0,4 gramos

Proteínas: 6 gramos

Los beneficios de la espirulina para la salud

La espirulina contiene potentes antioxidantes que protegen al organismo contra la inflamación, el cáncer y el daño oxidativo. Tiene un impacto positivo en el colesterol, ya que reduce los triglicéridos y el colesterol malo al mismo tiempo que aumenta el colesterol bueno. La espirulina ayuda a disminuir la presión arterial, lo que contribuye a reducir el riesgo de afecciones como los accidentes cerebrovasculares y las enfermedades cardíacas.

Espelta - La espelta cruda contiene los siguientes valores nutricionales por 100 gramos:

Grasa: 2,4 gramos

Carbohidratos: 70 gramos

Fibra dietética: 11 gramos Proteínas: 15 gramos

Los beneficios de la espelta para la salud

La espelta es rica en muchos nutrientes, como niacina, zinc, potasio, magnesio y hierro. Se sabe que ayuda a reducir el colesterol que se absorbe en el torrente sanguíneo. Además, el alto contenido en fibra de la espelta ayuda a reducir la presión arterial. De este modo, se reduce el riesgo de sufrir un accidente cerebrovascular y una enfermedad cardíaca.

Patatas - Las patatas crudas contienen los siguientes valores nutricionales por 1 patata (148 gramos):

Grasa: 0 gramos

Carbohidratos: 26 gramos

Fibra dietética: 2 gramos

Proteínas: 3 gramos

Los beneficios de las patatas para la salud

Las patatas tienen un alto contenido en compuestos como ácidos fenólicos, carotenoides y flavonoides. Desempeñan el mismo papel que los antioxidantes y protegen al organismo contra los radicales libres, reduciendo así el riesgo de padecer enfermedades crónicas como el cáncer, la diabetes y las cardiopatías. El almidón resistente de las patatas también ayuda a mejorar la salud digestiva.

Col rizada - La col rizada cruda contiene los siguientes valores nutricionales por taza:

Grasa: 0,1 gramos

Carbohidratos: 1,4 gramos

Fibra dietética: 0,6 gramos

Proteínas: 0,7 gramos

Los beneficios de la col rizada para la salud

La col rizada es una de las plantas más nutritivas del mundo y contiene 4,5 veces más vitamina C que las espinacas. La vitamina C es un importante antioxidante hidrosoluble necesario para las funciones celulares esenciales. La col rizada es también una de las mejores fuentes del mundo de vitamina K, que es crucial para la coagulación de la sangre.

Setas - Las setas crudas contienen los siguientes valores nutricionales por media taza (48 gramos):

Grasa: 0 gramos

Carbohidratos: 2 gramos

Fibra dietética: 1 gramo

Proteínas: 1 gramo

Los beneficios de las setas para la salud

Las setas son una excelente fuente de ácido fólico. Se dice que ayudan a mejorar la salud de los bebés mientras están en el útero. También tienen un alto contenido de selenio, y los estudios sugieren que protegen contra el deterioro cognitivo, las enfermedades de la tiroides, las enfermedades del corazón y el cáncer.

Seitán: El seitán crudo contiene los siguientes valores nutricionales por 100 gramos:

Grasa: 1,9 gramos

Carbohidratos: 14 gramos

Fibra dietética: 0,6 gramos

Proteínas: 75 gramos

Los beneficios del seitán para la salud

El seitán es una buena fuente de proteínas y tiene pocas calorías; es uno de los pocos sustitutos de la carne que no contiene soja. El seitán tiene un alto contenido en hierro, que aumenta la energía y mejora el rendimiento deportivo.

# Chapter 5. Los increíbles beneficios para la salud

Aunque empezar una dieta basada en plantas es una idea excelente y tiene muchos beneficios maravillosos, seamos sinceros, estás aquí principalmente para beneficiarte a ti mismo. Es fantástico que hayas decidido ponerte a ti y a tu salud en primer lugar. Te mereces ser la mejor versión de ti mismo, con un poco de trabajo de campo, ¡lo conseguirás en poco tiempo!

Para algunas personas, una dieta basada en plantas es sólo otra dieta de moda. Hay tantas dietas en el mercado ahora mismo, ¿por qué la dieta basada en plantas es diferente? Si usted está buscando para perder peso, revertir la enfermedad, o simplemente amar a los animales.

Una dieta basada en plantas es mucho más que comer frutas y verduras. Es un estilo de vida en el que se te anima a viajar hacia una mejor versión de ti mismo. A medida que vayas mejorando tus hábitos alimenticios, necesitarás algo que hacer con toda tu nueva energía. Ha llegado el momento de tomar el control de tus hábitos alimenticios y descubrir cómo la comida afecta realmente a nuestra vida diaria. A continuación, encontrarás los increíbles beneficios que te ofrece una dieta basada en plantas.

Reduzca su colesterol

Permítame empezar haciéndole una pregunta: ¿cuánto cree que afecta un huevo a su colesterol? Un huevo al día podría aumentar su colesterol dietético de 97 a 418 mg en un solo día. Se realizó un estudio con diecisiete estudiantes universitarios lacto-vegetarianos. Durante este estudio, se pidió a los estudiantes que consumieran 400kcal en alimentos de prueba junto con un huevo grande durante tres semanas. Durante este tiempo, su colesterol dietético aumentó hasta estas cifras. Para ponerlo en perspectiva, entre 200 y 239 mg/dL se considera un nivel límite.

La siguiente pregunta que deberías hacerte es ¿qué se considera una cantidad saludable de colesterol? La respuesta es cero por ciento. No existe una ingesta tolerable de grasas trans, grasas saturadas ni colesterol. Todas ellas (que se encuentran en los productos animales) aumentan el colesterol LDL. Por suerte, una dieta basada en plantas puede reducir drásticamente tus niveles de colesterol. De este modo, reducirá el riesgo de padecer enfermedades que suelen estar relacionadas con los niveles altos de colesterol. La buena noticia es que tu cuerpo produce el colesterol que necesitas. No es necesario "obtenerlo" de otras fuentes.

Antioxidantes saludables

Desde hace poco, hay un impulso con productos que muestran que son increíblemente saludables debido al hecho de que contienen antioxidantes. Estos son fantásticos, ya que los antioxidantes ayudan a prevenir la circulación de las grasas oxidadas que se acumulan en el torrente sanguíneo. Al consumir más antioxidantes de forma natural en su dieta basada en plantas, esto puede ayudar a reducir la inflamación, bajar la presión arterial, prevenir los coágulos de sangre y disminuir la rigidez de las arterias que pueda tener.

Para ponerlo en perspectiva, una planta puede contener unas sesenta y cuatro veces más antioxidantes en comparación con productos animales como la carne.

Alta ingesta de fibra

Al comenzar una dieta basada en plantas, obtendrá más fibra en su dieta de forma natural. Le sorprenderá saber que, por término medio, cerca del noventa por ciento de los estadounidenses no reciben la cantidad adecuada de fibra. Esto es una mala noticia para la mayoría de la gente, ya que la fibra tiene algunos beneficios muy buenos. Se ha demostrado que la fibra reduce el riesgo de derrame cerebral, obesidad, enfermedades del corazón, diabetes, cáncer de mama y el riesgo de cáncer de colon. Además de estos beneficios, la fibra también ayuda a controlar los niveles de azúcar en la sangre y los niveles de colesterol.

Beneficios del asma

Según los Centros para el Control y la Prevención de Enfermedades, alrededor del diez por ciento de los niños en 2009 tiene asma. Esto significa que en 2009 había más niños que adultos con riesgo de sufrir un ataque de asma. El asma se define como una enfermedad inflamatoria. La pregunta es, ¿qué está causando el aumento del asma? Todo está en la dieta! Según un estudio, tanto los huevos como las bebidas azucaradas se han relacionado con el asma. Por otro lado, tanto las frutas como las verduras parecen tener un efecto positivo en la reducción del asma en los niños que comen al menos dos raciones de verduras al día. De hecho, el riesgo de sufrir un ataque de asma alérgico se redujo en un cincuenta por ciento.

Reducir el riesgo de cáncer de mama

Aunque puede ser difícil precisar el desarrollo del cáncer de mama, parece que hay tres pasos para crear un estilo de vida más saludable para reducir el riesgo de desarrollarlo en primer lugar. En primer lugar, querrá mantener un peso corporal normal. Por suerte, esto se puede conseguir consumiendo una dieta basada en plantas. Además de comer frutas y verduras, también querrá limitar el consumo de alcohol. De este modo, se ha conseguido reducir el riesgo de desarrollar cáncer de mama en un sesenta por ciento. Para poner esto en perspectiva, las personas que comen carne tienen un setenta y cuatro por ciento más de riesgo de desarrollar cáncer de mama en comparación con las que comen más verduras. No sé si a ti te pasa lo mismo, pero a mí no me parece que merezca la pena.

Reducir el desarrollo de cálculos renales

¿Sabía que comer una lata más de atún al día puede aumentar el riesgo de formar un cálculo de calcio en el tracto urinario en la friolera de un doscientos cincuenta por ciento? El riesgo se calcula estudiando la probabilidad relativa de formar un cálculo cuando se ingiere un alto contenido de proteínas animales. La teoría subyacente es que la orina debe ser más alcalina si se quiere reducir el riesgo de desarrollar cálculos. Cuando se consume carne, ésta produce ácido en el cuerpo. Por otro lado, las judías y las verduras reducen el ácido en el cuerpo, lo que conlleva un menor riesgo de desarrollar cálculos renales; ¡ciencia!

Revertir y prevenir la hipertensión y las enfermedades cardíacas

Desgraciadamente, uno de cada tres estadounidenses tiene la presión arterial alta. Los estudios han demostrado que a medida que la dieta se basa en las plantas, esto otorga la capacidad de bajar la tasa de hipertensión. De hecho, ¡hay un descenso del setenta y cinco por ciento entre un omnívoro y un vegano! Parece que una dieta vegetariana establece una especie de protección contra los factores de riesgo cardiometabólico, las enfermedades cardiovasculares y la mortalidad total. Cuando se comparan con una dieta lacto-ovo-vegetariana, las dietas basadas en plantas parecen tener también protección contra la mortalidad cardiovascular, la diabetes de tipo 2, la hipertensión y la obesidad. Se trata de una noticia fantástica, sobre todo si se tiene en cuenta que sólo tres raciones de alimentos integrales parecen reducir significativamente el riesgo de enfermedad cardiovascular en personas de mediana edad. Se trata del mismo beneficio que puede aportar un medicamento para reducir los síntomas.

Controlar y prevenir el cáncer

La grasa de los animales se asocia a menudo con el riesgo de desarrollar cáncer de páncreas. De hecho, por cada cincuenta gramos de pollo que se consumen a diario, el riesgo de desarrollar un cáncer de páncreas aumenta en un setenta y dos por ciento. En este momento, el cáncer de páncreas es el cuarto cáncer que más muertes provoca en el mundo. Es bastante sencillo de evitar si simplemente cambias la carne de vacuno por las alubias.

En el otro extremo del espectro, parece que consumir 70 g más de judías al día puede reducir el riesgo de desarrollar cáncer de colon en un setenta y cinco por ciento. Esto puede deberse al IP que se encuentra en los cereales y las judías. Parece que éste desempeña un papel importante en el control del crecimiento de los tumores, la metástasis y la prevención del cáncer. Además de estos beneficios, el PI en general parece mejorar el sistema inmunológico, reducir el colesterol sérico elevado, prevenir la calcificación y los cálculos renales, así como reducir la actividad patológica de las plaquetas en el cuerpo. Todo esto parece bastante bueno para comer sólo unas pocas judías más y menos carne.

## Disminuir la resistencia a la insulina

Nuestro cuerpo es una máquina muy delicada. Cuando la grasa comienza a acumularse en las células musculares, esto interfiere con la insulina. Cuando se produce esta acumulación, la insulina del cuerpo es incapaz de sacar del sistema sanguíneo el azúcar que su cuerpo necesita para obtener energía. Desgraciadamente, el consumo elevado de azúcar empeora esta situación y puede obstruir las arterias por completo. Cuando eliminas la carne de la dieta, esto significa que tendrás menos grasa en tus músculos. Al disminuir estos niveles, ¡podrás evitar la resistencia a la insulina en primer lugar!

## Revertir y prevenir la diabetes

En la actualidad, la diabetes es la causa de 750.000 muertes al año. Desde 1990, el número de individuos diagnosticados de diabetes en Estados Unidos se ha triplicado hasta superar los veinte millones de personas. Dentro de este rango, hay ciento treinta y dos mil niños menores de dieciocho años que sufren de diabetes. En 2014, a cincuenta y dos mil personas se les diagnosticó una enfermedad renal terminal debido a la diabetes. En general, Estados Unidos gastó un total de doscientos cuarenta y cinco mil millones de dólares en costes directos de diagnóstico de personas con diabetes. Si estas cifras le parecen abrumadoras, tengo buenas noticias; la dieta basada en plantas puede ayudar con este problema. Si aprendes a incorporar más verduras a tu dieta, el riesgo de desarrollar hipertensión y diabetes disminuye en un setenta y ocho por ciento.

Control de la obesidad y pérdida de peso

En un estudio realizado sobre varios grupos de dieta, se demostró que las judías suelen tener un índice de masa más bajo en comparación con otros individuos. También se demostró que estas personas son menos propensas a la obesidad cuando se las compara con los vegetarianos y los no vegetarianos. Esto puede deberse al hecho de que los individuos basados en plantas tienen un menor consumo de animales y un mayor consumo de fibra. Cuando se reduce la ingesta de calorías para perder peso a un nivel poco saludable, esto tiene la capacidad de conducir a mecanismos de afrontamiento poco saludables como la bulimia y la anorexia. A medida que aprendas a seguir una dieta basada en plantas, te llenarás de alimentos saludables como verduras, frutas, frutos secos y cereales integrales. En ningún momento de esta dieta debes pasar hambre o desear comer más. Todos los alimentos que consumirás suelen ser bajos en grasa y te ayudarán a perder peso.

Huesos más sanos

Uno de los conceptos erróneos más comunes en torno a una dieta basada en plantas es que, debido al hecho de que ya no beberás leche de vaca, te faltará el calcio que tus huesos necesitan para crecer fuertes. Aunque más adelante profundizaremos en este tema, todo lo que necesitas saber ahora es que simplemente no es cierto. Mientras siga una dieta basada en plantas, recibirá muchos nutrientes esenciales como la vitamina K, el magnesio y el potasio; todos ellos mejoran la salud de los huesos.

Una dieta basada en plantas ayuda a mantener una relación ácido-base que es muy importante para la salud de los huesos. Una dieta ácida ayuda a la pérdida de calcio durante la micción. Como has aprendido antes, cuanta más carne consumes, más ácido se vuelve tu cuerpo. Por suerte, las frutas y verduras tienen un alto contenido en magnesio y potasio, lo que aporta alcalinidad a tu dieta.

En la misma línea, las verduras de hoja verde están llenas de vitamina K que necesitas para tus huesos. Los estudios han demostrado que con una cantidad adecuada de vitamina K en su dieta, esto puede ayudar a reducir el riesgo de fracturas de cadera. Junto con estos estudios, la investigación también ha demostrado que los productos de soja que tienen isoflavonas también tienen un efecto positivo en la salud ósea en las mujeres que son posmenopáusicas. Al tener una cantidad adecuada de isoflavonas, esto ayuda a mejorar la densidad mineral ósea, a reducir la resorción ósea y a mejorar la formación ósea en general. En general, una menor pérdida de calcio conduce a reducir el riesgo de osteoporosis, ¡incluso cuando la ingesta de calcio es baja!

Hazlo por los animales

Tanto si te pasas a una dieta basada en plantas por razones distintas de la salud como si no, nunca está de más ser amable y compasivo con otros seres sensibles. Al fin y al cabo, perdonarle la vida a alguien es lo correcto, sobre todo cuando nunca pidió que lo trajeran a este mundo en primer lugar. Desgraciadamente, esta es la razón de ser de la industria láctea y cárnica. Sinceramente, no hay nada de humano en quitar vidas o en la cría de animales.

Por supuesto, esto va más allá de los productos cárnicos. También hay problemas importantes con la industria de los huevos y de los productos lácteos, donde las vacas lecheras son preñadas a la fuerza y luego se les quitan los terneros para que podamos robar su leche. Estos animales tienen sentimientos y emociones al igual que nosotros, ¿qué nos da derecho a utilizarlos por su valor y luego tirarlos como basura cuando ya no nos sirven? Haz un favor a los animales y come más plantas, será mejor para tu conciencia.

En esta misma línea, nunca se sabe lo que va a venir con los productos animales. Hay una gran cantidad de toxinas, dioxinas, hormonas, antibióticos y bacterias que pueden causar algunos problemas de salud graves. De hecho, hay un porcentaje muy alto de carne animal que está contaminada con bacterias peligrosas como E. coli, listeria y Campylobacter. Todas ellas son difíciles de encontrar alguna vez porque estas bacterias viven en la carne, las heces y el tracto intestinal de los animales.

Dado que las bacterias son difíciles de encontrar y matar, esto puede acabar provocando una intoxicación alimentaria. Cada año, el USDA ha informado de que la carne de los animales causa alrededor del setenta por ciento de las intoxicaciones alimentarias al año. Esto significa que hay alrededor de setenta y cinco millones de casos de intoxicación alimentaria al año, cinco mil de los cuales resultan en la muerte.

Hazlo por el medio ambiente

Nos dieron este planeta para vivir, y deberíamos hacer todo lo posible para ayudar a protegerlo. En estos tiempos difíciles, parece que la mitad de la población cree en el cambio climático mientras que la otra mitad lo considera una noticia falsa. Como consumidores de plantas, es nuestro deber hacer nuestra parte para salvar el medio ambiente. Por desgracia, la industria cárnica y agrícola va a ser una bestia difícil de derribar. Dependiendo de la fuente, se ha demostrado que la industria cárnica está detrás de entre el dieciocho y el cincuenta y uno por ciento de la contaminación provocada por el hombre. Esto sitúa a la industria agrícola por delante del transporte en lo que respecta a la contribución de la contaminación al efecto invernadero. En una libra de carne de hamburguesa que usted consume, esto equivale a unos setenta y cinco kg de emisión de $CO_2$. ¿Sabe qué produce esa cantidad de emisiones de CO2? Tres semanas de uso de tu coche! Haz tu parte, come más plantas y salva el planeta.

## Mejora tu estado de ánimo

Cuando estás haciendo un impacto para salvar a los animales y salvar el medio ambiente, ¡no es de extrañar que tu estado de ánimo mejore! Al empezar a reducir los productos animales, te abstendrás de las hormonas del estrés que esos animales producen mientras van de camino al matadero. Este factor por sí solo tendrá un gran impacto en la estabilidad de su estado de ánimo. Al comer plantas, esto ayuda a las personas a reducir sus niveles de fatiga, hostilidad, ira, depresión, ansiedad y tensión general. La mejora del estado de ánimo puede deberse a los antioxidantes mencionados anteriormente en este capítulo.

Además de estos beneficios añadidos, parece que los alimentos ricos en hidratos de carbono, como el pan de centeno, la avena cortada y el arroz integral, tienen un efecto positivo en los niveles de serotonina del cerebro. La serotonina es muy importante para controlar el estado de ánimo, por lo que una dieta basada en plantas puede ayudar a tratar los síntomas que a menudo se asocian con la depresión y la ansiedad.

## Mejoras en la piel y la digestión

Te sorprenderá saber que la piel y la digestión están relacionadas. Si tienes una piel propensa al acné, los lácteos pueden ser los culpables del problema. Si tienes mucho acné, prueba a seguir una dieta basada en plantas. Al comer más frutas y verduras, estarás eliminando los alimentos grasos, como los aceites y los productos animales, que pueden estar causando el acné en primer lugar. Además, las frutas y las verduras suelen ser ricas en agua y pueden aportarte altos niveles de minerales y vitaminas. Al consumir más fibra en tu dieta, esto ayuda a eliminar las toxinas de tu cuerpo y a impulsar la digestión. Cuando esto ocurre, ¡puede desaparecer el acné!

## Mejorar el estado físico general

Sucederán cosas sorprendentes a medida que pierdas peso y te limpies desde dentro hacia fuera. Cuando la gente empieza a seguir una dieta basada en plantas, existe la idea errónea de que la falta de productos animales significa una falta de masa muscular y energía. Por suerte, es todo lo contrario. Parece que la carne y los lácteos son más difíciles de digerir. Cuando estos productos son más difíciles de digerir, significa que se necesita más energía para hacerlo. Al consumir más frutas y verduras en una dieta basada en plantas, te sorprenderá la cantidad de energía y fuerza adicional que desarrollarás.

Además de estos beneficios, una dieta basada en plantas le proporciona un montón de proteínas de gran calidad si está buscando construir masa muscular. Al comer legumbres, frutos secos, semillas, vegetales verdes y cereales integrales, consumirás fácilmente los cuarenta o cincuenta gramos de proteína al día que se recomiendan. Por supuesto, este número puede variar, pero dependiendo de tus objetivos, podrás consumir fácilmente muchas proteínas con una dieta basada en plantas.

Es tan fácil

Cuando empieces a seguir una dieta basada en plantas, debes esperar que tus amigos y familiares duden de tus elecciones de vida. Te sorprenderá saber lo fácil que es vivir a base de plantas en la era moderna. Sólo en la tienda de comestibles, hay increíbles opciones basadas en plantas para usted y su familia. Hay muchas opciones de leche, helados, carnes falsas y mucho más. Ahora, ya no estás obligado a cocinar en casa si deseas vivir este estilo de vida. Cada día que pasa, convertirse en una persona basada en plantas es mucho más fácil en comparación con los tiempos anteriores.

# Chapter 6. Cómo crear un hábito alimenticio saludable basado en plantas

Un error común entre muchas personas -incluso algunas de la industria de la salud y el fitness- es que cualquiera que cambie a una dieta basada en plantas se convierte automáticamente en súper saludable. Hay toneladas de alimentos basura de origen vegetal que pueden hacer fracasar tus objetivos de salud si los consumes constantemente. Comprometerse con los alimentos saludables es la única manera de conseguir beneficios para la salud. Por otro lado, estos tentempiés de origen vegetal desempeñan un papel importante a la hora de mantener la motivación. Deben consumirse con moderación, con moderación y en pequeños trozos.

Decide lo que significa para ti una dieta basada en plantas Tomar la decisión de estructurar cómo va a ser tu dieta basada en plantas es el primer paso, y te va a ayudar en la transición de tu perspectiva de dieta actual. Esto es algo realmente personal y varía de una persona a otra. Mientras que algunas personas deciden no tolerar ningún producto animal en absoluto, otras se conforman con pequeños trozos de lácteos o carne de vez en cuando. En realidad, eres tú quien decide qué y cómo quieres que sea tu dieta basada en plantas. Lo más importante es que los alimentos integrales basados en plantas deben constituir la mayor parte de tu dieta.

Entender lo que está comiendo Muy bien, ahora que ha conseguido la parte de la decisión, su siguiente tarea va a implicar mucho análisis por su parte. ¿Qué queremos decir con esto? Bueno, sí es la primera vez que pruebas la dieta basada en plantas, puede que te sorprenda la cantidad de alimentos, especialmente los envasados, que contienen productos animales. Te encontrarás cultivando el hábito de leer las etiquetas mientras haces la compra.

Encuentra versiones renovadas de tus recetas favoritas Estoy seguro de que tienes varios platos favoritos que no son necesariamente de origen vegetal. Para la mayoría de la gente, dejar todo eso atrás suele ser la parte más difícil. Sin embargo, todavía hay una forma de llegar a medio camino. Tómese un tiempo para reflexionar sobre lo que le gusta de esas comidas no basadas en plantas. Piensa en el sabor, la textura, la versatilidad, etc., y busca cambios en la dieta integral basada en plantas que puedan satisfacer lo que te falta. Para que te hagas una idea de lo que quiero decir, aquí tienes un par de ejemplos: El tofu desmenuzado o licuado sería un relleno decente tanto en platos dulces como salados, al igual que el queso ricotta en la lasaña. Las lentejas van especialmente bien con los platos salados que suelen asociarse con el pastel de carne y la boloñesa.

En definitiva, cuando esto se ejecuta correctamente, ni siquiera echará de menos sus comidas favoritas no basadas en plantas.

**Construir una red de apoyo**

Crear cualquier nuevo hábito es difícil, pero no tiene por qué serlo. Búscate algunos amigos, o incluso familiares, que estén dispuestos a llevar este estilo de vida contigo. Esto te ayudará a mantenerte centrado y motivado, a la vez que te proporcionará apoyo emocional y alguna forma de responsabilidad. Puedes hacer cosas divertidas como probar y compartir nuevas recetas con estos amigos o incluso ir a restaurantes que ofrezcan una variedad de opciones basadas en plantas. Incluso puedes ir más allá y buscar grupos locales basados en plantas en las redes sociales para ayudarte a ampliar tus conocimientos y tu red de apoyo.

# Chapter 7. Plan de comidas a base de plantas para perder peso

Los atletas veganos deben ser conscientes de lo que comen y de la cantidad que comen para absorber la nutrición necesaria que apoya la función muscular, la reparación, la resistencia, la fuerza y la motivación, ya que estas son cualidades que los atletas profesionales atesoran. Las proteínas ocupan un lugar destacado en la lista de lo que hay que comer (Preiato, 2019). También hay que tener en cuenta las fuentes nutricionales macro y micro de calorías y los aminoácidos, algunos de los cuales pueden necesitar ser complementados. Las proteínas y los carbohidratos tienen un promedio de cuatro calorías por gramo, mientras que las grasas tienen un promedio de nueve calorías por gramo. A partir de ahí, es posible calcular qué cantidad de cada tipo de nutriente debe consumirse al día.

A la hora de planificar su dieta vegana, un deportista debe tener en cuenta sus rutinas de ejercicio, ya que los que hacen gimnasia pueden tener días de alto impacto (como el temido "día de las piernas") y días de menor impacto en los que su cuerpo necesita más nutrientes orientados al trabajo de reparación. Los planes de alimentación de cada deportista se basarán en su edad, peso, nivel de actividad, disponibilidad de alimentos (las verduras y las frutas suelen ser de temporada) y en sus gustos personales. Desde luego, no hay que comer cubos de judías para ser vegano.

Cómo integrar todo en su plan de comidas

A la hora de planificar su dieta vegana, puede tener en cuenta el gráfico anterior, que orienta sus gramos diarios para el vegano medio basándose en una dieta de 1.525 calorías. En el caso de los deportistas, las cantidades aumentarán para adaptarse a las calorías quemadas durante el ejercicio. Así, si quemas 500 calorías corriendo durante una hora, deberás aumentar tu dieta consumiendo 125 gramos adicionales de proteínas o carbohidratos.

A partir del gráfico anterior, es posible planificar las comidas basándose en los gramos diarios por tipo de nutriente. Podrías obtener tu línea base de 160 gramos de proteína de la siguiente manera 1 taza de gluten de trigo (75 gramos), 1 taza de soja (68 gramos) y ½ taza de tofu (20 gramos). Los 100 gramos de carbohidratos podrían obtenerse de: dos rebanadas de pan integral (30 gramos); una fruta, como manzanas, plátanos, naranjas o peras (45 gramos en total); ½ taza de granola (15 gramos), y ½ panecillo inglés (15 gramos). Las necesidades diarias de grasa pueden compensarse comiendo 100 gramos de frutos secos y semillas (quizás con la granola y la fruta, ¡qué rico!).

Los 20 gramos de aminoácidos podrían repartirse entre cualquiera de los alimentos vegetales que se consumen en esta dieta o complementarse mediante un suplemento nutricional o un batido dietético. Estas cantidades se repartirían en tres o más comidas, dependiendo de tu metabolismo y de las horas de entrenamiento. Los aumentos de las cantidades de calorías dependen de tus actividades. Simplemente reajusta los gramos por día en base a esto. (Recuerda la regla rápida: carbohidratos y proteínas (1 gramo=4 calorías) y grasas (1 gramo=9 calorías). Es mejor aumentar el consumo de carbohidratos y proteínas (en combinación) que el de grasas

Consejos para el éxito

Convertirse a la dieta vegana desde una dieta omnívora puede ser, sorprendentemente, un gran choque mental; sin embargo, también hay que tener en cuenta algunos cambios en el sistema digestivo. Los veganos consumen más fibra dietética que la mayoría de los omnívoros, por lo que su intestino puede pasar por etapas en las que se sienta algo hinchado. También necesitarás consumir más agua. Hay muchas proporciones sugeridas, pero la más fácil es trabajar por calorías. Una regla rápida de 1 mililitro de agua por caloría parece bastante fácil de seguir. Teniendo en cuenta que el volumen de tu comida puede aumentar, también es posible que necesites comer bastante antes de lo que lo haría un omnívoro antes de hacer ejercicio. Así, la regla habitual de una hora de ayuno antes de comer puede tener que ampliarse a 90 minutos de ayuno antes de hacer ejercicio.

Considere siempre la posibilidad de añadir variedad a su dieta vegana, ya que esto aumenta la oportunidad de que su cuerpo consuma todos los aminoácidos esenciales, y esto conduce a una mejor síntesis de proteínas (que es esencial para desarrollar el tono muscular y recuperarse de las lesiones). Las comidas a base de plantas son muy saciantes debido a su alto contenido en fibra, aunque es necesario consumir una mayor cantidad para satisfacer las necesidades calóricas. Para no sentirte demasiado saciado, puedes obtener carbohidratos extra comiendo frutos secos y semillas a lo largo del día como tentempié.

Por último, a la hora de dar los últimos toques a su programa de entrenamiento, es esencial que intercalen las sesiones de entrenamiento con el tiempo suficiente para garantizar que sus músculos tengan tiempo para descansar y recuperarse (donde se reconstruyen las reservas de energía, se hidrata el cuerpo y se restablece el equilibrio químico normal de su metabolismo). Los periodos de descanso a corto plazo pueden ser cualquier cosa, desde tomarse unos minutos de descanso antes de pasar a la siguiente actividad de entrenamiento o incluso tomarse el resto del día libre después de una sesión especialmente agotadora. Los atletas profesionales saben que el cuerpo puede ser una máquina, pero es una máquina que también necesita tener "tiempo de inactividad". Puede ser una buena idea llevar un registro de entrenamiento en el que anote lo que ha comido, cuánto tiempo ha ayunado antes de entrenar y cómo se ha sentido durante y después de la sesión de entrenamiento. Esto también te ayudará a evaluar si necesitas añadir más carbohidratos o proteínas a tu dieta, y si necesitas un periodo de descanso más largo antes de pasar a la siguiente actividad de entrenamiento.

Si tienes problemas de fatiga (o temblores) después de actividades extenuantes, puede que necesites aumentar tu consumo de aminoácidos o introducir más zinc y hierro en tu sistema. Después de todo, todos somos únicos, y lo que funciona para otro atleta vegano puede no funcionar para ti. Este registro de entrenamiento también puede permitirte experimentar con la posibilidad de pasar a sesiones de entrenamiento más cortas con periodos de descanso más frecuentes para conseguir el mismo nivel de forma física y desarrollo muscular. No hay dos atletas profesionales que entrenen de la misma manera. Escucha a tu cuerpo y a tu instinto para encontrar una forma que te funcione.

Por último, no olvides dormir lo suficiente. La fatiga mental puede traducirse fácilmente en síntomas físicos. El insomnio también puede estar causado por una deficiencia de magnesio. Esto puede deberse a una actividad extenuante que consume los minerales naturales del cuerpo. Tomar un suplemento de magnesio o comer un poco de chocolate negro o medio plátano antes de dormir puede ayudar a crear un sueño reparador.

Afortunadamente, Internet permite el desarrollo de redes de apoyo para los atletas veganos. Lo que comemos dice mucho de nosotros, y los veganos pueden ser atletas exitosos y de alto rendimiento con planificación y experimentación para encontrar lo que funciona para su cuerpo único.

# Chapter 8. Desayunos para motivar y energizar su cuerpo

**¿Por qué es importante?**

Hay un dicho que describe el desayuno como la comida más importante del día. ¿Por qué es así? Después de una buena noche de sueño, su cuerpo necesita reponerse con niveles saludables para asegurar el buen funcionamiento de los músculos y el cerebro. Además, está parcialmente deshidratado. El glucógeno almacenado en el hígado a través de los hidratos de carbono está agotado. Los niveles de cortisol también son más altos. Se trata de una hormona responsable de la descomposición de los músculos.

Según Tim Ziegenfuss, "saltarse el desayuno merma la coordinación, ahoga la concentración y pone una camisa de fuerza al estado de alerta". Es el presidente de la Sociedad Internacional de Nutrición Deportiva. Además, saltarse el desayuno debilita la fuerza y la resistencia muscular.

El desayuno es lo que pone en marcha tu metabolismo. Es el responsable de quemar las calorías que ingieres a lo largo del día. En cambio, saltarse el desayuno hace que se conserven las calorías. Es un error pensar que omitir el desayuno significa menos calorías porque te arriesgas a tener un índice de masa corporal más alto. El IMC es el índice que se utiliza para determinar el rango de peso saludable de una persona. Se calcula comparando su peso con su altura. Un IMC más alto sugiere que podría tener sobrepeso. Las personas que desayunan suelen estar más delgadas porque empezar el día con proteínas y fibra mantiene la ingesta de alimentos bajo control durante el resto del día.

Otras ventajas de empezar el día con una comida nutritiva son una mayor ingesta de calcio y fibra, el consumo de más frutas y verduras y un mejor rendimiento en la ejecución de tareas. Lo mismo ocurre con el ejercicio. Te da energía, te ayuda a mantenerte concentrado y a hacer las cosas. Desayunar también está relacionado con la reducción de los niveles de colesterol y del riesgo de contraer una enfermedad crónica. Además, facilita las facultades mentales, como la concentración y la memoria.

Sin embargo, quienes no desayunan son más propensos a tomar decisiones alimentarias poco saludables durante el resto del día. También hay un mayor riesgo de desarrollar otros malos hábitos y comportamientos de riesgo.

Los deportistas son conscientes de que la mejor inversión que pueden hacer es su salud. Eso significa que los entusiastas del fitness deben favorecer una comida satisfactoria antes que unos minutos extra de sueño. Decir que no tienes tiempo para desayunar, que no tienes hambre o que no te gusta desayunar son excusas que afectarán a tu rendimiento.

Por ello, los dietistas sugieren que se tome un desayuno más copioso, de entre 500 y 700 calorías. No sólo le proporcionará energía, sino que limitará los antojos y mantendrá el hambre a raya. Por otro lado, si tiene previsto hacer ejercicio a primera hora de la mañana, bastará con medio desayuno. Si lo hace, prolongará su entrenamiento y mejorará su actividad física. Incluso un simple desayuno es mejor que no comer nada.

Avena

¿Qué es la avena? Se considera uno de los cereales más saludables del planeta. Son fuentes de granos enteros y son densos en nutrientes. Además, están repletas de vitaminas y minerales, antioxidantes y fibra. Algunos de los beneficios para la salud que conlleva la incorporación de la avena a la dieta son la reducción del riesgo de enfermedades crónicas, la pérdida de peso y la disminución de los niveles de azúcar en la sangre. La avena es una buena fuente de fibra, proteínas y carbohidratos. Los antioxidantes presentes en la avena reducen la presión arterial.

También contienen fibras solubles que reducen el colesterol, aumentan la saciedad y promueven el crecimiento de bacterias buenas en el intestino.

Una forma popular de consumir avena es en los copos de avena. Aquí tienes una receta básica para hacer avena que puedes personalizar para incluir los ingredientes que más te gusten.

Cacerolas

Si tienes una olla de cocción lenta, ya sabes lo maravillosa que es. Piensa en lo práctico que es que tu comida se cocine durante la noche y esté lista cuando te levantes al día siguiente. Los guisos para el desayuno se pueden hacer con antelación. Como se cocinan en un solo plato, no tendrás que lavar tantos platos. Es rápido y fácil de preparar y está lleno de sabor.

En algunas de nuestras recetas a base de plantas, como ésta, verás la levadura nutricional en la lista de ingredientes. ¿De qué se trata? Es de la misma levadura que se utiliza para elaborar cerveza y hornear, pero con nutrientes añadidos. En esta guía, recomendamos a los veganos que utilicen la levadura nutricional fortificada como fuente de vitamina B-12 que normalmente sólo se encuentra en la carne. Los veganos corren más riesgo de tener una deficiencia de esta vitamina en su dieta. La levadura nutricional se presenta en diferentes formatos, como polvo, gránulos o copos. ¿Por qué es adecuada para ti? Es una proteína completa porque tiene los nueve aminoácidos esenciales. También tiene minerales que ayudan a regular el metabolismo. Además, este alimento tiene antioxidantes y puede reforzar la inmunidad. También ayuda a reducir el colesterol malo.

En esta receta, se utilizará como saborizante de queso, sin los lácteos. Otras formas en las que puede formar parte de su cocina diaria es como condimento sobre las palomitas de maíz, para dar un sabor umami a las sopas o como espesante en las salsas. Sólo una o dos cucharadas de levadura nutricional le proporcionarán la cantidad diaria recomendada de vitamina B12.

Magdalenas

Estas no son las típicas magdalenas de cafetería que se toman con un café para llevar. No, ¡son mucho más saludables! Nuestras magdalenas veganas para el desayuno también son amables con el planeta: muchas recetas de repostería llevan subproductos animales, pero no cuando puedes sustituirlos por un huevo vegano. Simplemente mezcla una cucharada de harina de linaza con 2 ½ cucharadas de agua.

Los cereales de salvado son una gran opción de desayuno para los deportistas. Está repleto de fibra y otros nutrientes como zinc y cobre, selenio y manganeso. Su sabor puede variar entre el dulce y el de las nueces. En las recetas, se utiliza para añadir textura y sabor. El salvado también favorece la digestión, ya que ayuda a regular el movimiento intestinal y reduce el estreñimiento. Es rico en prebióticos, lo que favorece un intestino sano. Comer salvado con regularidad puede reducir el riesgo de padecer ciertos tipos de cáncer y mejorar la salud cardiovascular.

Parfaits de yogur

¿Qué es lo que no puede gustar del yogur? Es cremoso y dulce. Los veganos han encontrado una forma de disfrutar del yogur sin productos lácteos. Esto es gracias a los frutos secos como los anacardos y las almendras, entre otros.

¿Por qué es bueno el yogur vegano? Algunos probióticos ayudan a mantener sano tu tracto digestivo. Los frutos secos utilizados para elaborar la leche no láctea, como las almendras y los anacardos, están llenos de proteínas, fibra y grasas saludables. También contienen calcio, antioxidantes, hierro, magnesio, zinc y vitaminas C y E. Estos nutrientes son beneficiosos para regular los niveles de azúcar en la sangre, disminuyen el colesterol incorrecto y ayudan a quemar grasa de forma más eficiente. El yogur normal puede tener ingredientes como colorantes y aromatizantes artificiales, que no son adecuados para ti. También tiene lácteos, que sabemos que es un alimento responsable de la crueldad animal.

Para hacer un parfait de yogur, basta con alternar capas de yogur con granola y fruta. Es un festín para los ojos, además de nutritivo. Puedes comprar yogur no lácteo en el supermercado. También puedes prepararlo tú mismo. Hay muchas maneras de hacerlo, pero esta será dulce y sencilla.

Pudding

¿Quién dice que el pudín es sólo para el postre? Con los ingredientes adecuados, este tentempié se puede convertir en un desayuno completo que te hará empezar el día.

Dediquemos un minuto a hablar de las semillas de chía. Este superalimento es un elemento importante para incluir en la dieta de un atleta vegano. Tienen ácidos grasos de Omega 3, son una buena fuente de antioxidantes y tienen un alto contenido en hierro, fibra, calcio (18% de su ingesta diaria) y proteínas. En sólo una cucharada de semillas de chía, ¡tienes 5 gramos de fibra! Las semillas de chía también pueden mezclarse con agua para imitar la textura y la humedad de un huevo.

Hay varias formas de consumir este versátil alimento. En crudo, se puede utilizar como cobertura en batidos, cereales de avena y yogur. En agua, las semillas se expanden y adquieren una textura gelatinosa. Esto se debe a que las semillas de chía crecen en volumen. Es bastante impresionante cuando se piensa en cómo esta pequeña semilla puede absorber hasta 27 veces su peso del líquido en el que se sumerge.

Huevos revueltos

Los huevos son un elemento básico en la rutina del desayuno de una persona y son conocidos por proporcionar a los atletas proteínas y otros nutrientes. Le mostraremos cómo los veganos disfrutan de los huevos revueltos hablando del tofu. Este producto procede de la soja. Para preparar el tofu, hay que prensar la leche de soja en un bloque y luego enfriarlo.

La cuajada de leche de soja es lo que lo mantiene unido.

El ofu varía en textura y firmeza. Su origen es chino, pero ha sido adoptado por los países europeos y occidentales para promover una alimentación sana.

El tofu aporta nueve aminoácidos esenciales que el cuerpo necesita para funcionar correctamente. También es una buena fuente de proteínas. Otros nutrientes que hacen del tofu un alimento popular en una dieta vegana son sus otros beneficios para la salud. Es rico en vitamina B1, cobre, zinc, manganeso, magnesio y fósforo.

¿Por qué los atletas veganos adoran los aguacates?

También tienen numerosos beneficios para la salud. Algunos de ellos son las grasas saludables y muchas vitaminas. Los aguacates son buenas fuentes de vitamina B-6, C, E y K. También tienen minerales como el magnesio, el potasio, la riboflavina y la niacina. Se sabe que los alimentos de origen vegetal, como las frutas y las verduras, reducen el riesgo de desarrollar enfermedades crónicas. Los aguacates hacen esto y más. También te dan más energía, controlan el peso y hacen maravillas con tu cutis. Las grasas monosaturadas ayudan a saciar el hambre y a estabilizar los niveles de azúcar en sangre. Los estudios sugieren incluso que los aguacates son beneficiosos para fortalecer su sistema inmunológico.

También son adecuadas para su salud cardiovascular. Esta fruta verde tiene también betacaroteno, que contribuye a una buena visión. La vitamina K de los aguacates favorece la salud de los huesos y puede ayudar a prevenir la osteoporosis. Un nutriente presente en los aguacates, el folato, ayuda a disminuir los síntomas de la depresión. Tiene un alto contenido en fibra y puede facilitar la digestión.

# Chapter 9. Alimentos que hay que comer y evitar

¿Por qué seleccionar en las opciones de comida?

Cualquier método que contenga alimentos y dieta viene con una gama definida de opciones de alimentos que puede seleccionar y evitar. Es necesario recoger el tipo correcto de los alimentos que le ayudará a obtener los resultados deseados en el final. Hacer la opción de alimentos es necesario ya que tiene restricciones en el uso de las opciones de la dieta. Cada plan de alimentación define el uso de opciones de alimentos específicos porque todos los alimentos tienen un efecto significativo en su cuerpo. Por lo tanto, es necesario hacer la definición de las opciones de alimentos que usted necesita para utilizar o perder en el plan de alimentación.

Reunión de nutrientes

La necesidad básica de seleccionar las opciones de alimentos es la nutrición. Cuando usted está cortando las otras opciones de alimentos de la tabla de la dieta y se mueve hacia las hierbas y plantas sólo entonces usted necesita para elegir las mejores opciones. Las necesidades de su cuerpo siguen siendo las mismas, mientras que la ingesta es diferente, entonces usted necesita para satisfacer y hacer coincidir todas las necesidades del cuerpo mediante la selección de los nutrientes que pueden ayudar a mejorar con su crecimiento general del cuerpo y su mantenimiento. La dieta basada en plantas le permite obtener todas las opciones necesarias que le ayudan a satisfacer el valor de los nutrientes que su cuerpo necesita.

Conseguir un mejor sabor

Cuando usted está tomando un plan de dieta específica, es difícil conseguir el sabor variante para sus papilas gustativas. Es importante que usted se asegure de elegir las múltiples opciones de alimentos que pueden ayudarle a tener un mejor sabor. La selección de la comida que usted hará es ayudarle con un mejor acercamiento hacia el plan de la dieta y no le aburrirá.

Hacer nuevas combinaciones

Una dieta basada en plantas te ayuda a ponerte en forma, a estar sano y también a mejorar la inmunidad de tu cuerpo. Por el contrario, puede hacer que te sientas mal, ya que sólo utilizarás los productos vegetales, nada más. En este sentido, usted necesita tener una idea acerca de los mejores productos. Estos múltiples y mejores productos le ayudarán a hacer nuevas combinaciones para sus comidas y le ayudarán a progresar bien con su opción de dieta también. Si usted no está prestando atención a las nuevas combinaciones, entonces no será posible para que usted tenga interés continuo en este plan de dieta. Pronto te aburrirás con el plan y querrás dejarlo y eso puede acabar con tus resultados. Es importante ser consistente y mantener su interés en las opciones de alimentos que tiene alrededor con el fin de obtener los mejores resultados.

## Alimentos para comer

Si te estás iniciando en la dieta vegana, las restricciones alimentarias pueden parecerte desalentadoras. Esencialmente, limitará sus opciones de alimentos a los basados en plantas. Por suerte, hay una lista muy larga de alimentos que podrás comer mientras sigues esta dieta. A continuación, te presentamos algunos de los alimentos que puedes incluir en tu dieta, para que te adentres en tu viaje vegano, lleno de conocimiento.

Verduras y frutas

Obviamente, las frutas y las verduras van a ocupar un lugar muy importante en su lista. A estas alturas de tu vida, lo más probable es que estés familiarizado con la preparación de algunos de tus platos favoritos de una manera determinada. Cabe señalar que en la dieta vegana, todos los productos lácteos como suero de leche, crema, yogur, mantequilla, queso y leche van a ser eliminados. Con, hay algunas alternativas increíbles como el coco y la soja. Tomará un poco de tiempo para adaptarse, pero usted puede encontrar que usted disfruta de estas alternativas aún más - especialmente porque van a ser mejor para su salud!

Habrá muchas verduras que puedes consumir en la dieta vegana. Será importante que aprendas a equilibrar tus elecciones para que puedas consumir todos los nutrientes que necesitas. Dentro de este capítulo, se le proporcionará una lista de alimentos ricos en proteínas, pero también tendrá que consumir alimentos como la col rizada, el brócoli y la col china para ayudar con los niveles de calcio.

### Semillas, frutos secos y legumbres

Como se ha señalado anteriormente, las proteínas van a ser importantes una vez que se eliminen los productos animales de la dieta. La buena noticia es que las legumbres son un maravilloso producto vegetal y bajo en grasa para que los veganos obtengan sus proteínas. Comerás muchas legumbres como cacahuetes, judías pintas, guisantes partidos, judías negras, lentejas e incluso garbanzos. Hay infinidad de formas de consumir estos alimentos en diferentes platos.

También comerás muchas semillas y frutos secos. Ambos alimentos ayudan a proporcionar una cantidad adecuada de proteínas y grasas saludables cuando se consumen con moderación. Hay que tener en cuenta que los frutos secos suelen tener muchas calorías, por lo que si quieres perder peso mientras sigues el estilo de vida vegano, tendrás que limitar tus porciones. Estos alimentos también deben consumirse sin sal ni edulcorantes para obtener mayores beneficios para la salud.

### Cereales integrales

Otro alimento que podrás disfrutar mientras sigues una dieta vegana son los cereales integrales. Hay varios productos que podrás disfrutar como el arroz salvaje, el centeno, la quinoa, la avena, el mijo, la cebada, el bulgur y el arroz integral. Puedes incluir estos alimentos en cualquier comida, ya sea el desayuno, el almuerzo o la cena. Hay que tener en cuenta que tendrá que cambiar la forma de servir algunos de sus alimentos favoritos. Tendrás que decir adiós a cualquier producto de origen animal y, en su lugar, tratar de incluir más verduras y aceite de oliva. Puedes seguir tomando tu avena matutina, pero tendrás que hacer el cambio a la leche de almendras o de soja.

Productos alimenticios veganos y sustituciones

En el mercado moderno, verá varios productos aptos para veganos que se han fabricado. Algunos de estos productos incluyen mayonesa vegana, crema batida, hamburguesas de "carne" y otros alimentos congelados. Aunque son estupendos para tenerlos a mano, siguen siendo alimentos procesados. Deberá tener cuidado con los alimentos que tienen azúcar y sales añadidas. Cualquier aditivo excesivo anulará los increíbles beneficios que ofrece la dieta vegana. Aunque, por supuesto, siempre son una opción, debes hacer todo lo posible por ceñirte a los alimentos integrales.

## Alimentos que hay que evitar

Aves de corral, carne y marisco

Obviamente, esto es un hecho. Entre estos alimentos se encuentran la codorniz, el pato, el ganso, el pavo, el pollo, la carne salvaje, la carne de órganos, el caballo, la ternera, el cerdo, el cordero y la ternera. Una regla fácil que puedes seguir es que si tiene cara o madre, déjalo fuera. También tendrás que dejar fuera cualquier tipo de pescado o marisco. Entre ellos se encuentran la langosta, el cangrejo, los mejillones, los calamares, las gambas, las anchoas y cualquier pescado.

Lácteos y huevos

Eliminar los productos lácteos y los huevos de la dieta suele ser una de las partes más difíciles de convertirse en vegano. Cuando no pueda poner su crema favorita en el café, o simplemente hacer una tanda de brownies porque debe usar huevos, notará la gran diferencia. Si desea hacerse vegano, tendrá que encontrar alternativas para el helado, la nata, la mantequilla, el queso, el yogur, la leche y cualquier tipo de huevo.

Ingredientes de origen animal

Los ingredientes de origen animal son los que deben tener cuidado. Te sugiero que aprendas a leer las etiquetas de los alimentos para que puedas estar atento a los ingredientes difíciles. Deberá evitar ingredientes como la goma laca, la cola de pescado, el carmín, la cochinilla, la gelatina, la albúmina de huevo, la lactosa, la caseína y el suero. También evitará la vitamina D3 de origen animal, así como los ácidos grasos omega-3 derivados del pescado.

# Chapter 10. Recetas para el desayuno

**Sorprendente granola de almendras y plátano**

Porciones: 16

Calorías: 248,9

Tiempo de preparación: 5 minutos

Tiempo de cocción: 70 minutos

Ingredientes:

2 plátanos maduros pelados y troceados

8 tazas de copos de avena

1 cucharadita de sal

2 tazas de dátiles frescos deshuesados y picados

1 taza de almendras fileteadas y tostadas

1 cucharadita de extracto de almendra

La nutrición:

Grasa: 9,4 g

Carbohidratos: 35.9 g

Proteínas: 7,6 g

Direcciones:

Precalentar el horno a 275o F.

Forre dos bandejas para hornear de 13 x 18 pulgadas con papel pergamino.

En una cacerola mediana, añada 1 taza de agua y los dátiles, y llévelos a ebullición. A fuego medio, cocínelos durante unos 10 minutos. Los dátiles estarán blandos y pulposos. Seguir añadiendo agua a la cacerola para que los dátiles no se peguen a la cacerola.

Después de retirar los dátiles del fuego, déjelos enfriar antes de mezclarlos con la sal, el extracto de almendra y los plátanos.

Tendrá un puré suave y cremoso.

Añade esta mezcla a la avena y mézclala bien.

Dividir la mezcla en mitades iguales y repartirla en las bandejas de hornear.

Hornear durante unos 30-40 minutos, removiendo cada 10 minutos aproximadamente.

Sabrá que la granola está lista cuando esté crujiente.

Después de sacar las bandejas del horno, déjelas enfriar. A continuación, añada las almendras fileteadas.

Puedes guardar tu granola en un recipiente hermético y disfrutarla siempre que tengas hambre.

## Polenta perfecta con una dosis de arándanos y peras

Porciones: 4

Calorías: 185

Tiempo de preparación: 5 minutos

Tiempo de cocción: 10 minutos

Ingredientes:

2 peras recién descorazonadas, peladas y cortadas en dados

1 tanda de polenta básica caliente

¼ de taza de jarabe de arroz integral

1 cucharadita de canela molida

1 taza de arándanos secos o frescos

La nutrición:

Grasa: 4,6 g Proteínas: 5 g Carbohidratos 6.1 g

Instrucciones: Caliente la polenta en una cacerola mediana y añada los arándanos, las peras y la canela en polvo. Sabrás que el plato está listo cuando las peras estén blandas.Todo el plato estará hecho en 10 minutos.Divide la polenta equitativamente en 4 cuencos. Añade un poco de compota de pera como último toque.

## Tocino de Tempeh ahumado a la perfección

Porciones: 10

Calorías: 130

Tiempo de preparación: 5 minutos

Tiempo de cocción: 40 minutos

Ingredientes:

3 cucharadas de jarabe de arce

Paquetes de 8 onzas de tempeh

¼ de taza de salsa de soja o tamari

2 cucharaditas de humo líquido

La nutrición:

Carbohidratos: 17 g

Proteínas: 12 g

Grasa: 1 g

Direcciones:

En un cesto de vapor, cocine al vapor el bloque de tempeh.

Mezcle el tamari, el jarabe de arce y el humo líquido en un bol mediano.

Una vez que el tempeh se enfríe, córtalo en tiras y añádelo a la marinada preparada. Recuerde: cuanto más tiempo marine el tempeh, mejor será su sabor. Si es posible, refrigera toda la noche. Si no, déjalo marinar al menos media hora.

En una sartén, cocine el tempeh a fuego medio-alto con un poco de la marinada.

Una vez que las tiras estén crujientes por un lado, dales la vuelta para que ambos lados se cocinen por igual.

Puedes añadir un poco más de marinada para cocinar el tempeh, pero deben estar bien caramelizados. Cada lado tardará unos 5 minutos en cocinarse.

Disfruta del crujiente tempeh caramelizado con tu salsa favorita.

## Deliciosa quiche de coliflor y garbanzos

Raciones: 2-4

Calorías: 156.3

Tiempo de preparación: 10 minutos

Tiempo de cocción: 30 minutos

Ingredientes:

½ cucharadita de sal

1 taza de coliflor rallada

1 taza de harina de garbanzos

½ cucharadita de levadura en polvo

½ calabacín, cortado en medias lunas

1 cucharada de harina de lino

1 taza de agua

1 ramita de romero fresco picado

½ cucharadita de condimento italiano

½ cebolla roja fresca cortada en rodajas

¼ de cucharadita de levadura en polvo

La nutrición:

Grasa: 8,5 g

Carbohidratos: 8.1 g

Proteínas: 7,5 g

Direcciones:

En un bol, combinar todos los ingredientes secos.

Picar la cebolla y el calabacín.

Ralla la coliflor para que tenga una consistencia parecida a la del arroz y añádela a los ingredientes secos. Ahora, añada el agua y mezcle bien.

Añade por último el calabacín, la cebolla y el romero. Tendrá una mezcla grumosa y espesa, pero debería poder introducirla con una cuchara en un molde.

Puedes utilizar un molde de silicona o de metal con fondo desmontable. Ahora pon la mezcla en el molde y presiona suavemente.

La parte superior debe quedar desordenada para que parezca una textura rugosa.

Hornee a 350o F durante aproximadamente media hora. Usted sabrá que su quiche está listo cuando la parte superior esté dorada.

Puede servir la quiche caliente o fría, según sus preferencias.

## Sabroso pastel de avena y zanahoria

Raciones: 2

Calorías: 210

Tiempo de preparación: 10 minutos

Tiempo de cocción: 10 minutos

Ingredientes:

1 taza de agua

½ cucharadita de canela

1 taza de copos de avena

Sal

¼ de taza de pasas

½ taza de zanahorias ralladas

1 taza de leche no láctea

¼ de cucharadita de pimienta de Jamaica

½ cucharadita de extracto de vainilla

Coberturas:

¼ de taza de nueces picadas

2 cucharadas de jarabe de arce

2 cucharadas de coco rallado

La nutrición:

Grasa: 11,48 g

Carbohidratos: 10.37 g

Proteínas: 3,8 g

Direcciones:

Poner una olla pequeña a fuego lento y llevar la leche no láctea, la avena y el agua a fuego lento.

Ahora, añade las zanahorias, el extracto de vainilla, las pasas, la sal, la canela y la pimienta de Jamaica. Hay que cocer a fuego lento todos los ingredientes, pero no hay que olvidarse de removerlos. Sabrás que están listos cuando el líquido sea absorbido por todos los ingredientes (en unos 7-10 minutos).

Transfiera el plato espesado a tazones. Puede rociar un poco de jarabe de arce por encima o cubrirlos con coco o nueces.

Este nutritivo cuenco le permitirá empezar el día con energía.

## Tarta de cebolla y champiñones con una buena corteza de arroz integral

Porciones: 6

Calorías: 245,3

Tiempo de preparación: 10 minutos

Tiempo de cocción: 55 minutos

Ingredientes:

1 ½ libras de setas: botón, portabella o shiitake

1 taza de arroz integral de grano corto

2 ¼ tazas de agua

½ cucharadita de pimienta negra molida

2 cucharaditas de mezcla de hierbas

1 cebolla grande dulce

7 onzas de tofu extrafuerte

1 taza de leche natural no láctea

2 cucharaditas de cebolla en polvo

2 cucharaditas de salsa de soja o tamari baja en sodio

1 cucharadita de melaza

¼ de cucharadita de cúrcuma molida

¼ de taza de vino blanco o jerez para cocinar

¼ de taza de tapioca o arrurruz en polvo

La nutrición:

Grasa: 16,4 g

Proteínas: 6,8 g

Carbohidratos: 18.3 g

Direcciones:

Cocer el arroz integral y reservarlo para su uso posterior.

Corta las cebollas en tiras finas y saltéalas en agua hasta que estén blandas. A continuación, añade la melaza y cocínalas durante unos minutos.

A continuación, se saltean las setas en agua con la mezcla de hierbas. Una vez que las setas estén cocidas y sean blandas, añada el vino blanco o el jerez. Cocer todo durante unos minutos más.

En una batidora, combina la leche, el tofu, el arrurruz, la cúrcuma y la cebolla en polvo hasta obtener una mezcla homogénea

En un plato para tartas, cree una capa de arroz, extendiéndola uniformemente para formar una corteza. El arroz debe estar caliente y no frío. Será más fácil trabajar con el arroz caliente. También puede utilizar un rodillo de pastelería para obtener una corteza uniforme. Con los dedos, presione suavemente los lados.

Tome la mitad de la mezcla de tofu y de los champiñones y colóquelos con una cuchara sobre el plato de la tarta. Alise el nivel con su cuchara.

Ahora, cubra la capa con cebollas y luego con la mezcla de tofu. Puedes volver a alisar la superficie con la cuchara.

Espolvorear un poco de pimienta negra por encima.

Hornea el pastel a 350o F durante unos 45 minutos. Hacia el final, puede cubrirlo sin apretar con papel de aluminio. Esto ayudará a que la corteza se mantenga húmeda.

Deja que la masa de la tarta se enfríe para poder cortarla. Si te gustan los platos vegetarianos, es imposible que no te guste esta tarta.

Si tiene invitados, seguro que se maravillarán con su increíble pastel de setas con una fina corteza de arroz integral.

## Sabrosas magdalenas de avena

Porciones: 12

Calorías: 133

Tiempo de preparación: 10 minutos

Tiempo de cocción: 20 minutos

Ingredientes:

½ taza de agua caliente

½ taza de pasas

¼ de taza de linaza molida

2 tazas de copos de avena

¼ de cucharadita de sal marina

½ taza de nueces

¼ de cucharadita de bicarbonato de sodio

1 plátano

2 cucharadas de canela

¼ de taza de jarabe de arce

La nutrición:

Grasa: 2 g

Carbohidratos: 27 g

Proteínas: 3 g

Direcciones:

Bata la linaza con el agua y deje que la mezcla repose durante unos 5 minutos.

En un procesador de alimentos, mezcle todos los ingredientes junto con la mezcla de linaza. Bata todo durante 30 segundos, pero no cree una sustancia suave. Para crear galletas de textura rugosa, es necesario tener una masa semigruesa.

Poner la masa en moldes para magdalenas y colocarlos en un molde para magdalenas. Como esta es una receta sin aceite, necesitarás moldes para magdalenas. Hornea todo durante unos 20 minutos a 350 grados.

Disfruta de las galletas recién hechas con un vaso de leche caliente.

## Tortilla con harina de garbanzos

Porciones: 1

Calorías: 150

Tiempo de preparación: 10 minutos

Tiempo de cocción: 20 minutos

Ingredientes:

½ cucharadita de cebolla en polvo

¼ de cucharadita de pimienta negra

1 taza de harina de garbanzos

½ cucharadita de ajo en polvo

½ cucharadita de bicarbonato de sodio

¼ de cucharadita de pimienta blanca

1/3 de taza de levadura nutricional

3 cebollas verdes finamente picadas

4 onzas de setas salteadas

La nutrición:

Grasa: 1,9 g

Carbohidratos: 24.4 g

Proteínas: 10,2 g

Direcciones:

En un bol pequeño, mezclar la cebolla en polvo, la pimienta blanca, la harina de garbanzos, el ajo en polvo, la pimienta blanca y negra, el bicarbonato y la levadura nutricional. Añade 1 taza de agua y crea una masa suave.

A fuego medio, se pone una sartén y se añade la masa de la misma manera que se cocinan las tortitas. Sobre la masa, espolvorea un poco de cebolla verde y champiñones. Dale la vuelta a la tortilla y cocínala uniformemente por ambos lados.

Una vez que ambos lados estén cocidos, sirve la tortilla con espinacas, tomates, salsa picante y salsa. Disfruta de una comida sin culpa.

## Un brindis para recordar

Porciones: 4

Calorias: 290

Tiempo de preparación: 10 minutos

Tiempo de cocción: 15 minutos

Ingredientes:

1 lata de alubias negras

Una pizca de sal marina

2 tostadas de pan integral

¼ de cucharadita de especia de chipotle

Una pizca de pimienta negra

1 cucharadita de ajo en polvo

1 lima recién exprimida

1 aguacate fresco cortado en dados

¼ de taza de maíz

3 cucharadas de cebolla finamente picada

½ tomate fresco picado

Cilantro fresco

La nutrición:

Grasa: 9 g

Carbohidratos: 44 g

Proteínas: 12 g

Direcciones:

Mezcle el picante de chipotle con los frijoles, la sal, el ajo en polvo y la pimienta. Añade el zumo de lima. Hierve todo esto hasta que tengas una mezcla espesa y con almidón.

En un bol, mezcla el maíz, el tomate, el aguacate, la cebolla roja, el cilantro y el zumo del resto de la lima. Añade un poco de pimienta y sal.

Tostar el pan y extender primero la mezcla de alubias negras y después la de aguacate.

Un bocado de bondades saludables.

## Panini sabroso

Porciones: 1

Calorías: 850

Tiempo de preparación: 5 minutos

Ingredientes:

¼ de taza de agua caliente

1 cucharada de canela

¼ de taza de pasas

2 cucharaditas de cacao en polvo

1 plátano maduro

2 rebanadas de pan integral

¼ de taza de mantequilla de cacahuete natural

La nutrición:

Grasa: 34 g Hidratos de carbono 112 g Proteínas: 27 g

Instrucciones: En un bol, mezcle la canela, el agua caliente, las pasas y el cacao en polvo.

Unta la mantequilla de cacahuete en el pan. Corta los plátanos y ponlos sobre la tostada. Mezcla la mezcla de pasas en una batidora y extiéndela sobre el sándwich.

## Increíble batido de arándanos

Raciones: 2

Calorías: 220

Tiempo de preparación: 5 minutos

Ingredientes:

½ aguacate

1 taza de arándanos congelados

1 taza de espinacas crudas

Una pizca de sal marina

1 taza de leche de soja o de almendras sin azúcar

1 plátano congelado

La nutrición:

Grasa: 9 g

Carbohidratos: 32 g

Proteínas: 5 g

Direcciones:

Mezclar todo en una batidora potente hasta obtener un batido suave y cremoso.

Disfruta de tu batido saludable y comienza tu mañana con una nota fresca.

# Chapter 11. Recetas para el almuerzo

## Boniatos rellenos

Tiempo de preparación: 30 minutos
Tiempo de cocción: 1 hora 16 minutos
Servicios: 3

Ingredientes:

½ taza de frijoles negros secos

3 batatas pequeñas o medianas

2 cucharadas de aceite de oliva

1 pimiento rojo grande, sin hueso, picado

1 pimiento verde grande, sin hueso, picado

1 cebolla amarilla dulce pequeña, picada

2 cucharadas de ajo picado o en polvo

1 paquete de 8 onzas de tempeh, cortado en cubos de ¼".

½ taza de salsa marinara

½ taza de agua

1 cucharada de chile en polvo

1 cucharadita de perejil

½ cucharadita de cayena

Sal y pimienta al gusto

Direcciones:

Precaliente el horno a 400°F.

Utilizar un tenedor para hacer varios agujeros en la piel de los boniatos.

Envuelve los boniatos bien con papel de aluminio y mételos en el horno hasta que estén blandos y tiernos, o durante unos 45 minutos.

Mientras se cocinan los boniatos, calentar el aceite de oliva en una sartén profunda a fuego medio-alto. Añade las cebollas, los pimientos y el ajo; cocina hasta que las cebollas estén tiernas, durante unos 10 minutos.

Añade el agua, junto con las judías cocidas, la salsa marinara, la guindilla en polvo, el perejil y la cayena. Llevar la mezcla a ebullición y luego bajar el fuego a medio o bajo. Cocer a fuego lento durante unos 15 minutos, hasta que el líquido haya espesado.

Añade los dados de tempeh y caliéntalos hasta que se calienten, aproximadamente 1 minuto.

Mezclar con sal y pimienta al gusto.

Cuando las patatas hayan terminado de hornearse, sácalas del horno. Haz un corte en la parte superior de cada una, pero no partas las patatas por la mitad.

Cubre cada patata con una cucharada de la mezcla de judías, verduras y tempeh. Colocar las patatas rellenas de nuevo en el horno caliente durante unos 5 minutos.Servir después de enfriar durante unos minutos, o, guardar para otro día!

Valor nutricional por porción: Calorías: 498, Carbohidratos: 55,7 g, Grasas: 17,1 g, Proteínas: 20,7 g.

## Macarrones con queso veganos

Tiempo de preparación: 10
minutosTiempo de cocción 30
minutosServicios
: 4


Ingredientes

6 oz. de codos de macarrones integrales cocidos

1 ½ tazas de brócoli, ligeramente cocido

1 ½ cucharadas de aceite de oliva virgen extra

1 cebolla amarilla picada,

1 patata mediana, rallada

2 dientes de ajo picados

½ cucharadita de ajo en polvo

½ cucharadita de cebolla en polvo

½ cucharadita de mostaza en polvo

½ cucharadita de sal

¼ cucharadita de copos de pimienta roja

½ taza de anacardos crudos

1 taza de agua

¼ de taza de levadura nutricional

2 cucharaditas de vinagre de sidra de manzana

Direcciones:

Remojar los anacardos en agua caliente durante al menos 4 horas

Colocar el brócoli cocido y la pasta en un bol grande.

Poner una cacerola grande a fuego medio y añadir el aceite.

Añadir la cebolla y rehogar durante 6 minutos hasta que esté blanda.

Añade una pizca de sal, la patata, el ajo, el ajo en polvo, la cebolla, la mostaza en polvo y los copos de pimienta roja. Remover bien y dejar cocer un minuto más.

Añadir los anacardos y el agua y remover. Cocer a fuego lento durante 5-8 minutos hasta que las patatas se hayan cocido.

Verter en una batidora, añadir la levadura nutricional y el vinagre y batir hasta que esté suave.

Añada lentamente el agua hasta que la salsa alcance la consistencia deseada.

Verter sobre la pasta y el brócoli, remover bien y disfrutar.

Valor nutricional por porción: Calorías: 506, Carbohidratos: 58g, Grasas: 21g, Proteínas: 18g

## Tempeh satay con arroz de coliflor

Tiempo de preparación: 60 minutosTiempo de cocción
: 15 minutosServicios
: 4

Ingredientes:

¼ de taza de agua

4 cucharadas de mantequilla de cacahuete

3 cucharadas de salsa de soja baja en sodio

2 cucharadas de azúcar de coco

1 diente de ajo picado

½ pulgada de jengibre picado

2 cucharaditas de vinagre de arroz

1 cucharadita de copos de pimienta roja

4 cucharadas de aceite de oliva

2 paquetes de 8 onzas de tempeh, escurridos

2 tazas de arroz de coliflor

1 taza de col morada, cortada en dados

1 cucharada de aceite de sésamo

1 cucharadita de néctar de agave

Direcciones:

En un cuenco grande, combine los ingredientes de la salsa y bátalos hasta que la mezcla esté suave y se hayan disuelto los grumos.

Cortar el tempeh en cubos de ½ pulgada y ponerlos en la salsa, revolviendo para asegurarse de que los cubos se cubran bien.

Coloque el recipiente en la nevera para marinar el tempeh durante un máximo de 3 horas.

Antes de que el tempeh termine de marinarse, precaliente el horno a 400°F.

Extiende el tempeh en una sola capa sobre una bandeja de horno forrada con papel pergamino o ligeramente engrasada con aceite de oliva.

Hornee los cubos marinados hasta que estén dorados y crujientes, unos 15 minutos.

Calentar el arroz de coliflor en una cacerola con 2 cucharadas de aceite de oliva a fuego medio hasta que esté caliente.

Enjuague el bol grande con agua y luego mezcle la col, el aceite de sésamo y el agave.

Sirve en un plato una cucharada del arroz de coliflor cubierto con la col marinada y el tempeh cocido y disfruta. O bien, guárdalo para más tarde.

Valor nutricional por porción: Calorías: 531, Carbohidratos: 31,7 g, Grasas: 33 g, Proteínas: 27,6 g.

## Quesadillas de boniato

Tiempo de preparación: 30 minutosTiempo de cocción

: 1 hora 9 minutosServicios

: 3

Ingredientes:

1 taza de frijoles negros secos

½ taza de arroz seco a elección

1 batata grande, pelada y cortada en dados

½ taza de salsa

3-6 envoltorios de tortilla

1 cucharada de aceite de oliva

½ cucharadita de ajo en polvo

½ cucharadita de cebolla en polvo

½ cucharadita de pimentón

Direcciones:

Precaliente el horno a 350°F.

Forrar un molde para hornear con papel pergamino.

Rociar los cubos de boniato con aceite de oliva. Transfiera los cubos a la bandeja de hornear.

Hornear las patatas hasta que estén tiernas, durante aproximadamente 1 hora.

Deja que las patatas se enfríen durante unos 5 minutos y luego añádelas a un bol grande con la salsa y el arroz cocido. Utiliza un tenedor para aplastar los ingredientes hasta conseguir una mezcla bien combinada.

Calienta una cacerola a fuego medio-alto y añade la mezcla de patatas y arroz, las alubias negras cocidas y las especias a la cacerola.

Cocinar todo durante unos 5 minutos o hasta que esté bien caliente.

Coge otra sartén y ponla a fuego medio-bajo. Coloca una tortilla en la sartén y rellena la mitad con una cucharada colmada de la mezcla de patatas, judías y arroz.

Doble la tortilla hasta la mitad para cubrir el relleno y cocine hasta que ambos lados estén dorados, unos 4 minutos por lado.

Sirve las tortillas con un poco de salsa adicional al lado.

Valor nutricional por porción: Calorías: 329, Carbohidratos: 54,8 g, Grasas: 7,5 g, Proteínas: 10,6 g.

## Tofu picante a la parrilla con verduras de Szechuan

Tiempo de preparación: 3

minutosTiempo de cocción

: 12 minutosRaciones

: 2

Ingredientes

1 libra de tofu firme, congelado y descongelado

3 cucharadas de salsa de soja

2 cucharadas de aceite de sésamo tostado

2 cucharadas de vinagre de sidra de manzana

1 diente de ajo picado

1 cucharadita de jengibre fresco rallado

¼ de cucharadita de copos de pimienta roja

Para las verduras...

1 cucharada de aceite de sésamo tostado

1 libra de judías verdes frescas, recortadas

1 pimiento rojo en rodajas

1 cebolla roja pequeña, cortada en rodajas

1 cucharadita de salsa de soja

2 cucharadas de salsa Szechuan

1 cucharadita de almidón de maíz

Direcciones:

Empieza cortando el tofu en rodajas de ½" y colócalas en una fuente de horno poco profunda.

Coge un bol pequeño y añade los ingredientes de la marinada. Remueve bien y vierte sobre el tofu.

Poner en la nevera durante al menos 30 minutos.

Precaliente la parrilla a temperatura media y ase el tofu hasta que esté firme.

Llena una olla con agua y ponla a fuego medio.

Llevar a ebullición y añadir las judías.

Blanquear durante 2 minutos y luego escurrir y enjuagar.

Coge un bol pequeño y añade el almidón de maíz y una cucharadita de agua fría.

Ponga una sartén a fuego medio, añada el aceite y luego las judías, los pimientos rojos y las cebollas. Revuelva bien.

Añadir la salsa de soja y la salsa Szechuan y cocinar durante un minuto más.

Añadir la mezcla de almidón de maíz y volver a remover.

Sirve las verduras y el tofu juntos.

Valor nutricional por porción: Calorías: 297, Carbohidratos: 9g, Grasas: 20g, Proteínas: 24g

## Fajitas veganas

Tiempo de preparación: 30 minutosTiempo de cocción
: 19 minutosServicios
: 6

Ingredientes:

1 taza de frijoles negros secos

1 pimiento verde grande, sin semillas, cortado en dados

1 chile poblano, sin semillas, cortado en rodajas finas

1 aguacate grande, pelado, sin hueso y triturado

1 cebolla dulce mediana, picada

3 champiñones portobello grandes

2 cucharadas de aceite de oliva

6 envoltorios de tortilla

1 cucharadita de zumo de lima

1 cucharadita de chile en polvo

1 cucharadita de ajo en polvo

¼ cucharadita de pimienta de cayena

Sal al gusto


Direcciones:

Cocine los frijoles negros como se recomienda.

Calentar 1 cucharada de aceite de oliva en una sartén grande a fuego alto.

Añade los pimientos, los chiles poblanos y la mitad de las cebollas.

Mezcle el chile en polvo, el ajo en polvo y la pimienta de cayena; añada sal al gusto.

Cocinar las verduras hasta que estén tiernas y doradas, unos 10 minutos.

Añade las alubias negras y continúa la cocción durante 2 minutos más; luego retira la sartén del fuego.

Añade los champiñones portobello a la sartén y baja el fuego. Espolvorear los champiñones con sal.

Remover los ingredientes a menudo y cocinar hasta que los champiñones se hayan reducido a la mitad de su tamaño, unos 7 minutos. Retira la sartén del fuego.

Mezclar el aguacate, la cucharada restante de aceite de oliva y el resto de las cebollas en un bol pequeño para hacer un guacamole sencillo. Unte el guacamole en una tortilla con una cuchara y luego cubra con una generosa porción de la mezcla de champiñones.

Valor nutricional por ración: Calorías: 264, Carbohidratos: 27,7 g, Grasas: 14 g. Proteínas: 6,8 g

## Pizza increíblemente sabrosa

Tiempo de preparación: 1 hora y 10 minutos

Tiempo de cocción: 1 hora y 45 minutos

Porciones: 3

Ingredientes:

Para la masa:

½ cucharadita de condimento italiano

1 y ½ tazas de harina de trigo integral

1 y ½ cucharaditas de levadura instantánea

1 cucharada de aceite de oliva

Una pizca de sal

½ taza de agua tibia

Spray de cocina

Para la salsa:

¼ de taza de aceitunas verdes, sin hueso y en rodajas

¼ de taza de aceitunas kalamata, sin hueso y en rodajas

½ taza de tomates triturados

1 cucharada de perejil picado

1 cucharada de alcaparras, enjuagadas

¼ de cucharadita de ajo en polvo

¼ de cucharadita de albahaca seca

¼ de cucharadita de orégano seco

¼ de cucharadita de azúcar de palma

¼ de cucharadita de copos de pimienta roja

Una pizca de sal y pimienta negra

½ taza de mozzarella de anacardo, rallada

Direcciones:

En el procesador de alimentos, mezcle la levadura con el condimento italiano, una pizca de sal y la harina. Añada el aceite y el agua y mezcle bien hasta obtener una masa. Transfiera la masa a una superficie de trabajo enharinada, amásela bien, pásela a un bol engrasado, tápela y déjela reposar durante 1 hora. Mientras tanto, en un bol, mezcle las aceitunas verdes con las aceitunas kalamata, los tomates, el perejil, las alcaparras, el ajo en polvo, el orégano, el azúcar, la sal, la pimienta y los copos de pimienta y remueva bien. Transfiera la masa de la pizza a una superficie de trabajo de nuevo y aplánela. Déle forma para que quepa en su olla de cocción lenta. Engrase su olla de cocción lenta con aceite en aerosol y añada la masa.

Presione bien el fondo. Extienda la mezcla de salsa por toda la superficie, tape y cocine a fuego alto durante 1 hora y 15 minutos. Extienda la mozzarella vegana por toda la superficie, tape de nuevo y cocine a fuego alto durante 30 minutos más. Deje enfriar la pizza antes de cortarla y servirla.

Nutrición: calorías 340, grasa 5, fibra 7, carbohidratos 13, proteínas 15

## Sopa de alubias ricas

Tiempo de preparación: 10 minutos

Tiempo de cocción: 7 horas

Porciones: 4

Ingredientes:

1 libra de alubias blancas

1 cebolla amarilla picada

4 dientes de ajo machacados, 2 litros de caldo de verduras

Una pizca de sal marina

Pimienta negra al gusto

2 patatas peladas y cortadas en cubos

2 cucharaditas de eneldo seco

1 taza de tomates secos picados

1 libra de zanahorias, cortadas en rodajas

4 cucharadas de perejil picado

Instrucciones: Pon el caldo en tu olla de cocción lenta. Añade las alubias, la cebolla, el ajo, las patatas, los tomates, las zanahorias, el eneldo, la sal y la pimienta, remueve, tapa y cocina a fuego lento durante 7 horas. Remueve la sopa, añade perejil, divídela en cuencos y sírvela. Disfruta.

Nutrición: calorías 250, grasa 4, fibra 3, carbohidratos 9, proteínas 10

## Deliciosas alubias al horno

Tiempo de preparación: 10 minutos

Tiempo de cocción: 12 horas

Porciones: 8

Ingredientes:

1 libra de alubias blancas, puestas en remojo la noche anterior y escurridas

1 taza de jarabe de arce

1 taza de bourbon

1 taza de salsa barbacoa vegana

1 taza de azúcar de palma

¼ de taza de ketchup

1 taza de agua

¼ de taza de mostaza, ¼ de taza de melaza negra

¼ de taza de vinagre de sidra de manzana, ¼ de taza de aceite de oliva

2 cucharadas de aminos de coco

Instrucciones: Ponga los frijoles en su olla de cocción lenta. Agregue el jarabe de arce, el bourbon, la salsa bbq, el azúcar, el ketchup, el agua, la mostaza, la melaza, el vinagre, el aceite y los aminos de coco. Revuelva todo, tape y cocine a fuego lento durante 12 horas. Divida en tazones y sirva. Disfrute!

Nutrición: calorías 430, grasa 7, fibra 8, carbohidratos 15, proteínas 19

## Lentejas indias

Tiempo de preparación: 10 minutos

Tiempo de cocción: 3 horas

Porciones: 4

Ingredientes:

1 pimiento amarillo picado

1 batata picada

2 y ½ tazas de lentejas ya cocidas

4 dientes de ajo picados

1 cebolla amarilla picada

2 cucharaditas de comino molido

15 onzas de salsa de tomate en lata

½ cucharadita de jengibre molido

Una pizca de pimienta de cayena

1 cucharada de cilantro molido

1 cucharadita de cúrcuma molida

2 cucharaditas de pimentón

2/3 de taza de caldo de verduras

1 cucharadita de garam masala

Una pizca de sal marina

Pimienta negra al gusto

Zumo de 1 limón

Direcciones:

Ponga el caldo en su olla de cocción lenta.

Añadir la patata, las lentejas, la cebolla, el ajo, el comino, el pimiento, la salsa de tomate, la sal, la pimienta, el jengibre, el cilantro, la cúrcuma, el pimentón, la cayena, el garam masala y el zumo de limón.

Revuelva, tape y cocine a fuego alto durante 3 horas.

Vuelve a remover la mezcla de lentejas, divídela en cuencos y sírvela.

Que lo disfrutes.

Nutrición: calorías 300, grasa 6, fibra 5, carbohidratos 9, proteínas 12

## Deliciosa sopa de calabaza

Tiempo de preparación: 10 minutos

Tiempo de cocción: 6 horas

Porciones: 8

Ingredientes:

1 manzana, sin corazón, pelada y picada

½ libra de zanahorias picadas

1 libra de calabaza, pelada y cortada en cubos

1 cebolla amarilla picada

Una pizca de sal marina

Pimienta negra al gusto

1 hoja de laurel

3 tazas de caldo de verduras

14 onzas de leche de coco en lata

¼ de cucharadita de salvia seca

Instrucciones: Ponga el caldo en su olla de cocción lenta. Añada la calabaza de manzana, las zanahorias, la cebolla, la sal, la pimienta y la hoja de laurel. Revuelva, tape y cocine a fuego lento durante 6 horas. Transfiera a su licuadora, añada la leche de coco y la salvia y pulse muy bien. Sirva en tazones y enseguida. Disfrute!

Nutrición: calorías 200, grasas 3, fibra 6, carbohidratos 8, proteínas 10

# Chapter 12. Recetas para la cena

## Sopa de judías negras y verduras

Porciones: 6

Calorías: 308

Tiempo de preparación: 10 minutos

Tiempo de cocción: 45 minutos

Ingredientes

Aceite de oliva - 2 cucharadas

Cebolla (picada) - 1

Tallos de apio (picados) - 2

Zanahoria (picada) - 1

Pimiento rojo (cortado en dados) - 1

Ajo (picado) - 4 dientes

Jalapeño (sin semillas y cortado en dados) - 1

Sal - 1 cucharadita

Pimienta - 1 cucharadita

Comino - 2 cucharadas

Frijoles negros (escurridos y enjuagados) - 4 latas (60 onzas)

Caldo de verduras - 4 tazas

Hoja de laurel - 1

Para servir

Aguacate (picado)

Queso fresco (desmenuzado)

Cilantro fresco (picado)

Chips de tortilla (desmenuzados)

La nutrición:

Grasa: 6 g

Carbohidratos: 49 g

Proteínas: 17 g

Direcciones

Empieza por coger una olla (grande) y ponerla a fuego fuerte. Añade el aceite y reduce el fuego a medio-alto.

Una vez que el aceite empiece a brillar, eche las cebollas, la zanahoria, los pimientos y el apio.

Deje que las verduras se cocinen durante unos 5 minutos. Siga removiendo.

Ahora añada el ajo picado, la pimienta y la sal. Cocine durante unos 10 minutos más. Las verduras deberían estar ya tiernas.

Añadir el caldo de verduras, las alubias negras, el laurel y el comino.

Llevar los ingredientes a ebullición y reducir el fuego a bajo. Tapar la olla con una tapa y cocinar durante unos 30 minutos. Las judías también deberían estar tiernas a estas alturas.

Tome una licuadora y transfiera 4 tazas de la sopa de frijoles y vegetales a la misma. Mezclar hasta obtener una consistencia de puré suave.

Vierta la mezcla de verduras y judías en la olla. Mezclar bien para combinar. Esto ayudará a espesar la sopa.

Deje que la sopa se cocine a fuego lento durante otros 10 minutos.

Una vez hecho, adorna con queso fresco, aguacate, chips de tortilla y cilantro picado.

## Pinchos de verduras y tofu

Porciones: 4

Calorías: 187

Tiempo de preparación: 10 minutos (1 hora adicional)

Tiempo de cocción: 17 minutos

Ingredientes

Agua - ½ taza

Jarabe de arce - ¼ de taza

Salsa de soja - 3 cucharadas

Salsa barbacoa - 2 cucharadas

Aceite - 1 cucharada

Ajo en polvo - 1 cucharada

Sriracha - 1 cucharada

Pimienta negra - 1 cucharadita

Tofu firme - 15 onzas

Pimientos - 2

Cebollas - 2 medianas

Calabacín - 1

Pinchos - 4

La nutrición:

Grasa: 9 g

Carbohidratos: 17 g

Proteínas: 11 g

Direcciones

Empieza cogiendo un plato llano y llénalo de agua. Sumerge las brochetas de madera en la misma, ya que esto evitará que se quemen.

Coge el calabacín y córtalo en rodajas redondas. Corta también los pimientos y las cebollas en cuadrados.

Mientras tanto, coge un cuarto de plato y fórralo con una toalla de papel. Coloca el tofu y cúbrelo con otra toalla de papel y coloca un plato encima.

Colocar el tofu junto con los platos en el microondas durante unos 3 minutos.

Sacar el tofu y colocarlo en una tabla de cortar. Córtelo en cubos.

Tome un vaso medidor y añada el agua, la salsa de soja, el jarabe de arce, el aceite, la salsa barbacoa, la pimienta, la Sriracha y el ajo en polvo. Remueva bien.

Coge una caja de almacenaje rectangular y coloca el tofu en su interior. Vierta la salsa preparada sobre el tofu y cúbralo con una tapa. Métalo en el frigorífico durante una hora aproximadamente.

Una vez hecho, sacar el tofu de la marinada. Reserve.

Coger una cacerola antiadherente y verter el líquido de marinado en la cacerola. Ponerla a fuego lento durante unos 10 minutos. Apague el fuego cuando la salsa empiece a espesar.

Saca las brochetas del agua y empieza a montarlas.

Coge 1 brocheta y empieza a montarla alternando entre calabacín, cebolla, pimiento y tofu.

Tome una sartén de parrilla y colóquela a fuego medio. Cocine cada brocheta montada por cada lado durante unos 4 minutos. Rocíe cada lado con la salsa durante la cocción.

Todos los lados deben estar ligeramente carbonizados, ya que esto añadirá un agradable sabor ahumado al plato.

## Pasta Alfredo Fettuccine vegana

Raciones: 2

Calorías: 844

Tiempo de preparación: 15 minutos

Tiempo de cocción: 15 minutos

Ingredientes

Patatas blancas - 2 medianas

Cebolla blanca - ¼

Condimento italiano - 1 cucharada

Zumo de limón - 1 cucharadita

Ajo - 2 dientes

Sal - 1 cucharadita

Pasta Fettuccine - 12 onzas

Anacardo crudo - ½ taza

Levadura nutricional (opcional) - 1 cucharadita

Aceite de trufa (opcional) - ¼ de cucharadita

La nutrición:

Grasa: 13 g

Carbohidratos: 152 g

Proteínas: 28 g

Direcciones

Comience por poner una olla a fuego alto y hervir 4 tazas de agua.

Pelar las patatas y cortarlas en dados pequeños. Corta también la cebolla en dados.

Añadir las patatas y las cebollas al agua hirviendo y cocer durante unos 10 minutos.

Retirar las cebollas y las patatas. Reservar. Guardar el agua.

Coge otra olla y llénala de agua. Condimentar generosamente con sal.

Añada la pasta fettuccine y cocínela según las instrucciones del paquete.

Coge una batidora y añade los anacardos crudos, las verduras, la levadura nutricional, el aceite de trufa, el zumo de limón y 1 taza de agua guardada. Mezclar hasta obtener un puré suave.

Añadir el ajo y la sal.

Escurrir la pasta cocida con un escurridor. Pásela a un bol para mezclar.

Vierta la salsa preparada sobre la pasta fettuccine cocida. Servir.

# Pasta de espinacas con salsa de pesto

Raciones: 2

Calorías: 591

Tiempo de preparación: 20 minutos

Tiempo de cocción: 15 minutos

Ingredientes

Aceite de oliva - 1 cucharada

Espinacas - 5 onzas

Harina de uso general - 2 tazas

Sal - 1 cucharada más ¼ de cucharadita (mantenerla dividida)

Agua - 2 cucharadas

Verduras asadas para servir

Pesto para servir

Albahaca fresca para servir

La nutrición:

Grasa: 8 g

Carbohidratos: 110 g

Proteínas: 16 g

Direcciones

Coge una olla grande y llénala de agua. Colócala a fuego alto y lleva el agua a ebullición. Añade una cucharada de sal

Mientras el agua hierve, poner una cacerola grande a fuego medio. Vierte el aceite de oliva y caliéntalo.

Una vez que el aceite empiece a brillar, eche las espinacas y saltéelas durante 5 minutos.

Tomar un procesador de alimentos y transferir las espinacas marchitas. Procesa hasta que las espinacas tengan una textura fina.

Añadir la harina poco a poco y seguir procesando hasta formar una masa desmenuzable.

Además, añadir ¼ de cucharadita de sal y 1 cucharada de agua mientras se procesa para unir la masa. Añada la 1 cucharada de agua restante si es necesario.

Sacar la masa a una superficie plana y espolvorear con harina. Amasar bien para formar una bola de masa y extenderla con un rodillo. Las dimensiones de la masa enrollada deben ser de 18 pulgadas de largo y 12 pulgadas de ancho. Cortar la masa enrollada en tiras largas y uniformes con un cortador de pizza. Asegúrese de que las tiras tengan ½ pulgada de ancho. Coloque los fideos preparados y cocínelos durante unos 4 minutos. Poner los fideos en un bol grande y añadir las verduras asadas y el pesto. Adornar con hojas de albahaca.

## Sloppy Joes sin carne

Porciones: 4

Calorías: 451

Tiempo de preparación: 10 minutos

Tiempo de cocción: 24 minutos

Ingredientes

Aceite de oliva - ½ cucharadita

Cebolla amarilla (cortada en cubos) - ½ mediana

Pimiento verde (cortado en dados) - ½ hora

Ajo (picado) - 2 dientes

Chili en polvo - ½ cucharadita

Comino - ½ cucharadita

Pimentón - ½ cucharadita

Sal - al gusto

Proteína vegetal texturizada - 1 taza

Caldo de verduras - 1 taza

Salsa de tomate - 1 lata (15 onzas)

Salsa Worcestershire vegana - 1 cucharadita

Salsa de soja - 1 cucharada

Azúcar moreno - 1 cucharadita

Mostaza amarilla - 2 cucharaditas

Panes de hamburguesa - 4

La nutrición:

Grasa: 10 g

Carbohidratos: 61 g

Proteínas: 27 g

Direcciones

Empieza cogiendo una sartén de tamaño medio y poniéndola a fuego medio. Vierte el aceite de oliva y caliéntalo.

Una vez que el aceite esté caliente, añada las cebollas picadas y saltéelas durante 3 minutos.

Ahora añada el pimiento cortado en dados y saltee durante 3 minutos más.

Añade el ajo, el comino, el chile en polvo, la sal y el pimentón y saltea durante otros 3 minutos.

Añada la proteína vegetal, la salsa de tomate y el caldo de verduras. Remover bien para combinar. Cubra con una tapa y deje que se cocine durante unos 15 minutos.

Abrir la tapa y mantenerla a un lado. Añadir la salsa de soja, la salsa Worcestershire, la mostaza amarilla y el azúcar moreno. Mezcle bien. Cocinar durante unos 4 minutos. Colocar la mezcla preparada entre los panes de hamburguesa y servir caliente.

## Calabaza de bellota rellena de verduras y arroz salvaje

Raciones: 2

Calorías: 409

Tiempo de preparación: 10 minutos

Tiempo de cocción: 1 hora y 40 minutos

Ingredientes

Calabazas de bellota - 2

Aceite de oliva - 1 cucharada (un poco más)

Sal - al gusto

Pimienta - al gusto

Arroz salvaje (enjuagado) - ¾ de taza

Caldo de verduras - 1 ¼ tazas (2 cucharadas extra, divididas)

Chili en polvo - ½ cucharadita

Comino molido - ¼ de cucharadita

Jarabe de arce - 1 ½ cucharadita

Champiñón cremini (en rodajas) - 5 onzas

Champiñón shiitake (en rodajas) - 5 onzas

Cebolla (picada) - ½ mediana

Ajo (picado) - 2 dientes

Romero fresco (picado) - 1 cucharadita

Tomillo fresco (picado) - 1 cucharadita

Vino blanco - ¼ de taza

Col rizada (picada) - 2 tazas

Semillas de granada - 2 cucharadas

La nutrición:

Grasa: 5 g

Carbohidratos: 88 g

Proteínas: 13 g

Direcciones

Comience por precalentar el horno ajustando la temperatura a 375 grados Fahrenheit.

Coloque la calabaza en la tabla de cortar y córtela por la mitad con el tallo hacia arriba. Retirar las semillas y reservar. Sacar la pulpa en un bol y reservarla.

Colocar la calabaza en una bandeja de horno con la cara cortada hacia arriba. Unte la calabaza con aceite y espolvoree uniformemente con pimienta y sal.

Introducir en el horno y hornear durante unos 40 minutos.

Mientras se cuece la calabaza, coge una olla pequeña y añade 1 ¼ tazas de caldo de verduras. Deja que llegue a hervir. Tapar con una tapa y dejar cocer a fuego lento durante unos 45 minutos.

Colocar las semillas de calabaza en un colador y enjuagarlas bien. Sécalas con un paño de cocina.

Pasar las semillas a un bol pequeño. Añada el comino, el chile en polvo, el jarabe de arce y la sal. Mezcle bien hasta que todas las semillas queden uniformemente cubiertas.

Sacar la bandeja del horno y desplazar la calabaza a un lado. Hacer una bandeja poco profunda con el papel pergamino. Coloca las semillas en la misma y vuelve a meterla en el horno.

Hornee durante unos 15 minutos. La calabaza debe estar tierna y las semillas crujientes.

Tome una sartén grande y añada el aceite de oliva. Colócala a fuego medio.

Una vez que el aceite se haya calentado, se echan las setas y se saltean durante unos 8 minutos.

Añade las cebollas y saltéalas durante unos 4 minutos. A continuación, rocíe un poco de aceite de oliva y añada el romero, el tomillo y el ajo. Cocine durante unos 4 minutos. Vierta el vino blanco para desglasar la sartén. Cocine durante unos 2 minutos. Añada la col rizada, la pimienta y la sal. Saltear hasta que la col rizada empiece a marchitarse y se reduzca a una cuarta parte de su volumen. Añada el arroz salvaje y mézclelo todo. Retirar la sartén del fuego y reservar. Colocar las dos calabazas en una fuente de servir y rellenarlas con la mezcla de col rizada y setas. Adornar con los granos de granada y los granos de calabaza crujientes.

## Pavo y muslos de tofu

Porciones: 6

Calorías: 339

Tiempo de preparación: 20 minutos

Tiempo de cocción: 1 hora

Ingredientes

Tofu extrafuerte - 14 onzas

Frijoles pintos - ¾ de taza

Levadura nutricional - 6 cucharadas

Salsa de soja - ¼ de taza

Condimento para aves de corral - 1 cucharada

Ajo (picado) - 3 dientes

Sal Kosher - ½ cucharadita

Pimienta - 1 cucharadita

Cebolla en polvo - 1 cucharadita

Caldo de verduras (bajo en sodio) - 1 taza

Aceite de oliva - 2 cucharadas

Gluten de trigo vital - 2 ½ tazas

Relleno vegano - ½ taza

Pinchos de madera - 2

Salsa (a elección) - para servir

La nutrición:

Grasa: 9 g

Carbohidratos: 18 g

Proteínas: 47 g

Direcciones

Comience por precalentar el horno ajustando la temperatura a 375 grados Fahrenheit.

Coge un plato llano y llénalo de agua. Sumerge las brochetas en la misma.

Coge un bol de tamaño medio y fórralo con un paño de cocina. Desmenuza el tofu en el bol. Junte todos los bordes del paño de cocina y presione por el centro para exprimir el exceso de líquido.

Coge un procesador de alimentos y añade el tofu escurrido, las judías pintas, la salsa de soja, la levadura nutricional, la cebolla en polvo, el condimento para aves, la pimienta, la sal, el caldo de verduras y la cebolla en polvo. Mezcla hasta obtener una consistencia de puré suave. Mientras el procesador está en marcha, añada el aceite de oliva. Asegúrese de que todos los ingredientes estén bien incorporados.

Tome un bol grande y añada el gluten de trigo. Ahora transfiera el puré preparado del procesador de alimentos al mismo bol. Remover bien para combinar todos los ingredientes. Amasar hasta obtener una masa suave y transferirla a una superficie plana. Formar una bola.

Cortar un cuarto de la masa y reservar.

Colocar el resto de la masa en un bol de cristal. Haga un pozo en el centro estirando los bordes. Es necesario que se expanda hasta alcanzar unos 10 centímetros de diámetro.

Coloque el relleno de verduras en el pozo y ciérrelo estirando los bordes.

Coge un papel de pergamino y envuelve bien la masa. También, envolver la masa en un papel de aluminio.

Tomar la masa guardada y dividirla en dos mitades iguales. Formar la masa en forma de palillos. Inserte los pinchos empapados en ambos palillos. Envuelve bien los dos palillos con papel pergamino y luego con papel de aluminio. Encierre bien los bordes.

Coge una bandeja de horno y coloca los dos muslos y el pavo de tofu. Hornea durante unos 20 minutos y dale la vuelta. Hornea otros 20 minutos y dale la vuelta de nuevo. Retira los muslos después de 40 minutos.

Hornea el pavo de tofu durante 20 minutos más.

Una vez hecho esto, retire del horno y transfiera los muslos y el pavo de tofu a una tabla de cortar de madera. Retira el papel de aluminio y el papel pergamino.

Colóquelo en una fuente y sírvalo con la salsa que prefiera.

# Chapter 13. Recetas de aperitivos y ensaladas

## Barras energéticas

Tiempo de preparación: 5 minutos

Tiempo de cocción: 20 minutos

Porciones: Hace 12 barras

Ingredientes:

½ taza de pasas

1 taza de coco desecado

1 cucharadita de extracto de vainilla

½ taza de semillas de cáñamo sin cáscara

1 cucharadita de canela molida

½ taza de semillas de sésamo

4 cucharadas de jarabe de arce

½ taza de semillas de calabaza

½ taza de mantequilla de anacardos o cualquier mantequilla de frutos secos

1 ½ taza de nueces mixtas, picadas

1 cucharadita de extracto de vainilla

Direcciones:

Primero precaliente el horno a 350°F.

Mezclar el coco, la canela, las nueces y las pasas en un bol mediano.

Añade la mantequilla de anacardo y el sirope de arce a un cazo pequeño y caliéntalo a fuego medio hasta que se derrita y quede suave.

Añada el extracto de vainilla.

Vierta la mezcla de mantequilla de anacardos en el cuenco y remueva hasta que todo se integre. Consejo: Añadir agua si es necesario para ayudar a que la mezcla se una.

Pasar la mezcla a un molde engrasado y presionar para que se extienda uniformemente.

Hornear de 13 a 15 minutos o hasta que se dore.

Deje que las barras se enfríen completamente y córtelas en barras. Guárdelas en un recipiente hermético.

Sugerencia: Puedes añadir aderezos como nueces y pacanas.

La nutrición:

Calorías: 340Kcal

Proteínas: 10g

Carbohidratos: 20.8g

Grasa: 24,4g

## Magdalenas veganas

Tiempo de preparación: 5 minutos

Tiempo de cocción: 25 minutos

Porciones: 6

Ingredientes:

1 oz. de proteína en polvo

1 cucharadita de levadura en polvo

2 cucharadas de semillas de calabaza

2 cucharadas de cerezas secas

1 taza de avena

1 cucharada de semillas de sésamo tostadas

Para los ingredientes húmedos:

3 cucharadas de aceite de oliva

½ taza de leche de almendras

1/2 taza de salsa de manzana

Direcciones:

Precalentar el horno a 390°F.

Combinar todos los ingredientes secos en un bol grande hasta que se mezclen bien.

A continuación, mezclar todos los ingredientes húmedos en otro bol y combinarlos bien.

Vierta los ingredientes húmedos en los secos y bata hasta que todo se una.

Pasar la mezcla a una fuente de horno engrasada y forrada.

Finalmente, hornear durante 28 a 30 minutos o hasta que estén dorados.

Deje enfriar las magdalenas en la rejilla y luego disfrútelas.

Sugerencia: Puede cubrir las magdalenas con semillas de calabaza para darles un toque crujiente.

La nutrición:

Calorías: 244Kcal

Proteínas: 11g

Carbohidratos: 24g

Grasa: 13g

## Bolas de cacao y nueces

Tiempo de preparación: 5 minutos

Tiempo de cocción: 25 minutos

Porciones: 6

Ingredientes:

1 taza de harina de quinoa

1 taza de nueces, cortadas por la mitad

½ taza de copos de coco

3 cucharadas de cacao en polvo

1 oz. de proteína en polvo, sin sabor

1 taza de copos de coco

Una pizca de sal marina

¼ de taza de albaricoques secos, picados finamente

Direcciones:

Coloque todos los ingredientes, excepto los copos de coco, en un bol grande para mezclar.

Una vez que todo esté bien combinado, forme bolas con la mezcla y luego cubra cada bola con copos de coco.

Por último, coloca las bolas en la nevera durante unas horas y sírvelas frías.

Consejo: Estas bolas son aptas para el congelador y pueden permanecer congeladas hasta 2 meses.

Nutrición: Calorías: 343Kcal Proteínas: 12g Carbohidratos: 26g Grasa: 24g

## Bolas energéticas de avena y almendra

Tiempo de preparación: 5 minutos

Tiempo de cocción: 25 minutos

Porciones: 8

Ingredientes:

½ taza de almendras, tostadas y trituradas

1 taza de avena

½ taza de leche de coco

2 plátanos medianos

2 oz. de proteína en polvo

2 cucharadas de semillas de chía

1 cucharadita de canela molida

2 cucharadas de cacao o copos de coco

Direcciones:

Combine las semillas de chía y la leche de coco en un bol grande.

Dejar reposar durante 5 minutos y luego incorporar el resto de los ingredientes. Mezclar bien.

Pasar la mezcla a una batidora de alta velocidad. Bata durante ½ minutos o hasta que esté bien combinada.

Poner la mezcla en el congelador durante 10 minutos para que se enfríe.

A continuación, forme bolas con la mezcla y páselas por el cacao en polvo. Sírvalos fríos.

Consejo: Si lo prefiere, puede utilizar el edulcorante de su elección, bajo en carbohidratos.

Nutrición: Calorías: 224Kcal Proteínas: 13g Carbohidratos: 24g Grasa: 10g

## Garbanzos picantes

Tiempo de preparación: 10 minutos

Tiempo de cocción: 35 minutos

Porciones: 6

Ingredientes:

¼ de taza de aceite de oliva

½ cucharadita de pimienta de cayena

2 × 15 oz. de garbanzos

¾ cucharadita de pimentón

1 cucharadita de sal marina

½ cucharadita de chile en polvo

½ cucharadita de cebolla en polvo

½ cucharadita de comino

Sal marina, según sea necesario

¾ cucharadita de ajo en polvo

Instrucciones: Precalentar el horno a 425°F. Escurra los garbanzos y déjelos secar en un plato forrado con una toalla durante 10 a 15 minutos. Transfiera los garbanzos a una bandeja para hornear forrada y extiéndalos en una sola capa. Rocíe aceite de oliva sobre los garbanzos y espolvoree con sal. Hornearlos de 23 a 25 minutos o hasta que estén dorados, removiendo con frecuencia. Una vez horneados, incorporar el resto de las especias y mezclar bien. A continuación, sazonar y probar, añadiendo más sal y pimienta si es necesario. Servir y disfrutar. Consejo: También puede reducir la cantidad de pimienta de cayena a ¼ de cucharadita.

Nutrición: Calorías: 224Kcal Proteínas: 13g Carbohidratos: 24g Grasa: 10g

## Copas de mantequilla de cacahuete

Tiempo de preparación: 10 minutos

Tiempo de cocción: 35 minutos

Porciones: 9

Ingredientes:

2 cucharaditas de aceite de coco

1 taza de mantequilla de cacahuete, cremosa

10 Oz. de chispas de chocolate vegano sin azúcar

3 cucharadas de proteína de chocolate en polvo

2 cucharadas de jarabe de arce

Direcciones:

Para empezar, combina la mantequilla de cacahuete, la proteína en polvo y el jarabe de arce en un bol grande hasta que se mezclen bien.

A continuación, coloca el aceite de coco y las pepitas de chocolate en un bol apto para microondas y derrite la mezcla calentándola a fuego alto.

Vierta la mezcla de chocolate en el fondo de los moldes engrasados.

Añadir la mezcla de mantequilla de cacahuete sobre la mezcla de chocolate.

Por último, añada el chocolate restante sobre la mantequilla de cacahuete.

Colóquelos en el frigorífico hasta que se cuajen.

Servir y disfrutar.

Consejo: Asegúrese de añadir aceite de coco orgánico.

Nutrición: Calorías: 341Kcal Proteínas: 11,6g Carbohidratos: 30.4g Grasa: 22.4g

## Ensalada de pasta con ensalada de col

Tiempo de preparación: 5 minutos

Tiempo de cocción: 30 minutos

Porciones: 4

Ingredientes:

4 cebolletas, cortadas en rodajas finas

10 oz. de pasta

1 libra de zanahoria, rallada

1 libra de col blanca, rallada

Para el aderezo:

1 cucharadita de sal marina

½ taza de mayonesa vegana

1/2 cucharadita de pimienta negra molida

2 cucharadas de jarabe de arce

½ taza de humus

Zumo de ½ de 1 limón

2 cucharadas de mostaza de Dijon

Instrucciones: Empieza por cocer la pasta, siguiendo las instrucciones del paquete. Cocínela hasta que esté al dente y luego escúrrala. Después, prepare el aderezo colocando todos los ingredientes en un tazón mediano hasta que se combinen bien. Añade la pasta junto con el resto de los ingredientes. Vierta el aliño por encima y mezcle bien. Sirve y disfruta. Consejo: Puedes añadirle frutos secos como nueces para que la ensalada sea más nutritiva.

Nutrición: Calorías: 524Kcal Proteínas: 17g Carbohidratos: 85g Grasa: 14g

## Ensalada de maíz y aguacate

Tiempo de preparación: 10 minutos

Tiempo de cocción: 15 minutos

Porciones: 4

Ingredientes:

1 taza de edamame congelado, sin cáscara, 2 aguacates en rodajas

1 chalota mediana, cortada en rodajas finas

2 tazas de tomates cherry, cortados por la mitad

2 tazas de granos de maíz dulce, congelados

Para el aderezo:

Zumo de 1 lima

¼ cucharadita de chile en polvo

1 cucharadita de sal marina

1 cucharadita de aceite de oliva virgen extra

¼ de taza de cilantro fresco, cortado en rodajas finas

Instrucciones: Hervir agua en una cacerola mediana a fuego medio-alto. Una vez que empiece a hervir, añada el maíz y cuézalo a fuego lento de 6 a 8 minutos o hasta que esté cocido. Consejo: Asegúrese de no cocerlo demasiado. Escurrir. Pásalo a un bol grande y deja que se enfríe. Mezcle todos los ingredientes del aderezo en otro bol hasta que se combinen bien. A continuación, añada el resto de los ingredientes junto con el aliño al bol y mezcle bien. Probar la sazón y añadir más sal y pimienta si es necesario. Servir y disfrutar. Consejo: Acompáñalo con pan integral tostado.

Nutrición: Calorías: 375Kcal Proteínas: 14g Carbohidratos: 43g Grasa: 20g

## Ensalada de cuscús con garbanzos

Tiempo de preparación: 10 minutos

Tiempo de cocción: 15 minutos

Porciones: 4

Ingredientes:

Para el cuscús:

1 taza de cuscús

1 ½ taza de agua

Para la ensalada:

12 oz. de tofu, extrafuerte

1 chalota mediana, cortada en rodajas finas

1 taza de garbanzos, lavados

½ cucharadita de cúrcuma en polvo

1 cucharada de aceite de oliva

1 pepino, cortado en dados

½ cucharadita de cúrcuma en polvo

1 pepino, cortado en dados

4 cucharadas de piñones

1 taza de eneldo

Para el aderezo:

Una pizca de pimienta molida

1 cucharada de mostaza de Dijon

1 cucharadita de sal marina

½ taza de zumo de naranja

Direcciones:

Hervir agua en una olla a fuego medio-alto.

Cuando empiece a hervir, vierte el agua caliente en un bol grande resistente al calor con el cuscús dentro.

Cubrir el bol con una tapa y dejar que repose de 10 a 15 minutos o hasta que se absorba todo el líquido.

Esponjar el cuscús con un tenedor.

Calienta una sartén y echa 1/3 del aceite.

A continuación, añada la chalota en rodajas y cocínela durante 3 minutos o hasta que esté transparente. Reservar en un plato.

Añadir el tofu a la sartén junto con el aceite restante.

Freír el tofu de 8 a 10 minutos o hasta que esté dorado.

A esto se le añade la cúrcuma en polvo y se vuelve a mezclar.

En otro tazón, mezcle todos los ingredientes del aderezo hasta que se combinen.

Por último, combinar el cuscús, los ingredientes de la ensalada y el aderezo en un bol grande hasta que se mezclen bien.

Consejo: Añade un chorrito de zumo de limón por encima como toque final.

La nutrición:

Calorías: 408Kcal

Proteínas: 18g

Carbohidratos: 54g

Grasa: 14g

## Ensalada de judías blancas y negras

Tiempo de preparación: 10 minutos

Tiempo de cocción: 15 minutos

Porciones: 4

Ingredientes:

Para la ensalada:

¼ de taza de cebolla roja picada

1/3 de taza de quinoa

1 taza de pepino en rodajas

19 oz. de frijoles negros escurridos, lavados

1 chile jalapeño, sin semillas y picado

19 oz. de alubias blancas escurridas y lavadas

¼ de taza de cilantro fresco picado

Para el aderezo:

¼ de cucharadita de pimienta

¼ de taza de aceite vegetal

¼ de cucharadita de sal

2 cucharadas de zumo de lima

½ cucharadita de chile en polvo

1 cucharadita de cilantro molido

1 cucharada de vinagre de sidra

½ cucharadita de orégano seco

1 diente de ajo picado

Direcciones:

Cocer la quinoa de 10 a 12 minutos en una cacerola profunda llena de ¾ de taza de agua hasta que esté tierna.

Prepare el aderezo combinando todos los ingredientes del aderezo en un tazón pequeño hasta que se mezclen bien.

Por último, añada todos los ingredientes de la ensalada a un bol grande y añada la quinoa cocida y el aderezo. Mezcle bien.

Servir y disfrutar.

Consejo: Pruebe a añadir tomate a la receta.

La nutrición:

Calorías: 573Kcal

Proteínas: 26,7g

Carbohidratos: 83.5g

Grasa: 16,3g

## Quinoa con manzana y col rizada

Tiempo de preparación: 10 minutos

Tiempo de cocción: 25 minutos

Porciones: 3

Ingredientes:

5 tazas de col rizada

1 taza de quinoa lavada

2 dientes de ajo picados

1 cucharada de zumo de limón

2 tazas de caldo de verduras

Sal y pimienta, según sea necesario

2 cucharadas de aceite de oliva virgen extra

1 cucharada de aceite de coco

1 cucharada de mostaza de Dijon

1 manzana grande, cortada en dados

2 cucharadas de jarabe de arce

3 cucharadas de agua

2 cucharadas de vinagre de sidra de manzana

# Chapter 14. Recetas de batidos

## Batido de proteínas con verduras y chocolate

Tiempo de preparación: 70 minutos

Porciones: 1

Ingredientes:

¾ de taza de leche de almendras

2 dátiles grandes, sin hueso

1 cucharada de cacao en polvo

Una pizca de canela molida

½ taza de col rizada orgánica congelada

1 cucharada de semillas de cáñamo, sin cáscara

1 plátano mediano, en rodajas, congelado

1/8 de taza de aguacate picado

Cubitos de hielo, según sea necesario

Direcciones:

Añada todos los ingredientes a la batidora. Mezclar durante 30 - 40 segundos o hasta que esté suave. Verter en un vaso y servir.

Nutrición: Calorías: 250 Grasas: 9 gCarbohidratos: 38 g,Fibra: 8 gProteínas: 10 g

## Batido de chocolate y judías negras

Tiempo de preparación: 40 minutos

Ingredientes:

2 plátanos, cortados en rodajas, congelados

1 taza de frijoles negros cocidos

2 tazas de leche de almendras o cualquier otra leche no láctea de su elección

2 cucharadas de cacao en polvo

2 tazas de coliflor congelada

4 dátiles medjool, sin hueso, picados

2 cucharadas de semillas de cáñamo

2 cucharaditas de canela molida

Para adornar:

Nibs de cacao (opcional)

Direcciones:

Añada todos los ingredientes a la batidora. Mezclar durante 30 - 40 segundos o hasta que esté suave.

Verter en 2 vasos grandes. Adornar con nibs de cacao y servir.

Nutrición: 2 vasos grandes Nutrición:
Calorías: 452 Grasas: 11 g Carbohidratos: 77 g, Fibra: 18 g Proteínas: 19 g

## Batido de proteínas con mantequilla de cacahuete

Tiempo de preparación: 30 minutos

Porciones: 1

Ingredientes:

1 taza de col rizada desgarrada (desechar los tallos y las costillas duras)

1 cucharada de semillas de cáñamo

1/3 de taza de agua

½ taza de leche de almendras o de anacardos

½ cucharada de proteína vegana de vainilla en polvo

½ plátano, en rodajas

½ cucharada de mantequilla de cacahuete

1 taza de hielo

1 cucharada de cacao en polvo

Direcciones:

Primero añade la col rizada en la batidora, seguida del plátano, las semillas de cáñamo y la mantequilla de cacahuete.

Añade el hielo, el agua y la leche de almendras y bate hasta que quede suave. Añada el resto de los ingredientes y mezcle hasta que esté suave. Verter en un vaso alto y servir.

Nutrición: Calorías: 286 Grasas: 11,6 g Hidratos de carbono: 27,9 g,

Fibra: 6 g Proteínas: 16,8 g

## Batido de mantequilla de cacahuete, gelatina y dátiles

Tiempo de preparación: 20 minutos

Raciones: 2

Ingredientes:

8 dátiles sin hueso

2 plátanos medianos, en rodajas, congelados

2/3 de taza de arándanos

2 cucharadas de mantequilla de cacahuete natural

1 ½ tazas de leche de almendras de vainilla, sin endulzar

2 cucharadas de harina de linaza

Direcciones:

Poner todos los ingredientes en una batidora. Mezclar durante 30 - 40 segundos o hasta que esté suave.

Verter en 2 vasos y servir.

Nutrición:
Calorías: 374Grasas
: 13 g Carbohidratos: 60 g,

Fibra: 11 g Proteínas: 8 g

## Batido de bayas y avena

Tiempo de preparación: 20 minutos

Raciones: 2 vasos grandes

Ingredientes:

2 tazas de fresas congeladas

2 tazas de arándanos congelados

4 cucharadas de jarabe de arce

4 cucharadas de mantequilla de almendras

5 cm de jengibre fresco, pelado y picado

4 tazas de espinacas tiernas

2 tazas de agua

6 cucharadas de semillas de cáñamo sin cáscara

½ taza de copos de avena

Direcciones:

Poner todos los ingredientes en una batidora. Mezclar durante 30 - 40 segundos o hasta que esté suave.

Verter en 2 vasos grandes y servir.

Nutrición: Calorías: 680Grasas: 36 g Carbohidratos: 84 g, Fibra: NA Proteínas: 21 g

## Batido proteico de vainilla y clementina

Tiempo de preparación: 70 minutos

Raciones: 2

Ingredientes:

6 clementinas, peladas, separadas en gajos y sin pepitas

2 tazas de leche de soja ligera de vainilla

16 almendras

1 cucharada de proteína vegana de vainilla en polvo

2 cucharadas de harina de linaza

Cubitos de hielo, según sea necesario

Direcciones:

Poner todos los ingredientes en una batidora. Mezclar durante 30 - 40 segundos o hasta que esté suave.

Verter en 2 vasos y servir.

Nutrición:
Calorías: 336Grasas:

11,1 gCarbohidratos
: 39,8 g,
Fibra: 9,1 gProteína
: 27,3 g

# Chapter 15. No se olvide de hacer ejercicio

Hay varias cosas que puede hacer para cumplir sus objetivos de pérdida de peso. Entre ellas, reducir el número de calorías que ingiere cada día y comenzar un programa de ejercicio saludable son dos grandes formas de alcanzar sus objetivos, especialmente si combina ambas cosas. Sigue siendo importante mantener un programa de ejercicios incluso después de haber alcanzado sus objetivos de pérdida de peso con el fin de mantener la pérdida de peso. Después de haber decidido ponerse a dieta y comenzar un programa de ejercicios, lo primero que se preguntará es cuánto ejercicio necesitará.

Un paso importante que deberías considerar antes de empezar cualquier plan de ejercicios es hablar con tu médico. Él podrá decirle si el plan es bueno para usted, cuánto ejercicio debe hacer y darle cualquier consejo y sugerencia sobre lo que funcionará en su situación. También podrá hacer un chequeo completo para asegurarse de que no hay problemas subyacentes en su salud que puedan afectar a los tipos de ejercicios que puede hacer.

Debes tener en cuenta algunas consideraciones básicas cuando empieces una dieta. Es importante recordar que no hay píldoras mágicas ni planes de dieta increíbles que le ayuden a perder peso de la noche a la mañana. Incluso si pierdes mucho peso rápidamente con un plan concreto, no es probable que puedas mantener el peso a largo plazo.

La forma más fácil y segura de perder peso es combinar el ejercicio con una buena dieta. Sin embargo, hay ciertas cantidades de ejercicio que debes hacer para perder peso o mantener un peso saludable. Antes de empezar debes recordar que la forma de perder una libra de grasa es consumiendo 3500 calorías menos en tu dieta. Esto significa que si usted quiere perder una libra a la semana, entonces tendrá que quemar al menos 500 calorías al día. Puede reducir estas calorías comiendo menos, haciendo más ejercicio o haciendo una combinación de ambas.

No existen planes de ejercicio mágicos que funcionen para todo el mundo y que ayuden a todos a perder peso. Cada persona tiene un cuerpo diferente y responde de forma distinta a determinados tipos de ejercicio. Es posible que haya que probar y equivocarse para descubrir qué ejercicios te gustan y cuáles te funcionan mejor.

Si quieres hacer ejercicio para perder peso, hay algunas pautas que debes seguir. Los Centros para el Control y la Prevención de Enfermedades recomiendan que intente hacer al menos dos horas y 30 minutos de ejercicio a la semana para perder peso. Esto puede parecer mucho, pero al final sólo son unos 30 minutos cinco días a la semana; por supuesto, cuanto más ejercicio haga, mayores serán los resultados de la pérdida de peso. Tendrá que incorporar más ejercicio a su rutina si no piensa reducir sus calorías para ver la pérdida de peso.

Algunas de las actividades que debe incluir en su plan de ejercicios son los ejercicios cardiovasculares, como caminar, correr, montar en bicicleta, hacer senderismo y nadar. Para quemar la mayor cantidad de calorías durante su entrenamiento, debe elevar su ritmo cardíaco y mantenerlo durante un tiempo prolongado.

No es buena idea dedicar todo el tiempo a los ejercicios aeróbicos. Aunque son excelentes para el corazón y para ayudar a quemar calorías y perder peso, también hay que incluir otras actividades en el entrenamiento. Entre ellas, el entrenamiento de fuerza y los ejercicios de estiramiento, que pueden ayudar a fortalecer los huesos y los músculos y a adelgazar la cintura.

El ejercicio físico puede reportar muchos beneficios. Uno de los beneficios es la pérdida de peso. Sólo por pasar una hora haciendo un ejercicio de bajo impacto una persona de 160 libras puede perder alrededor de 350 calorías. Si decide realizar una actividad de mayor impacto, como correr, podría perder hasta 900 calorías en esa hora, que es mucho más de lo que necesita quemar para perder medio kilo por semana.

La cantidad de ejercicio que necesita en su programa de ejercicios dependerá de la cantidad de peso que quiera perder. Si lleva una vida muy sedentaria y quiere perder mucho peso, tendrá que incluir más ejercicio en su día que alguien que tiene un trabajo que le mantiene en movimiento todo el día. Es una buena idea empezar con 30 minutos un par de veces al día y poco a poco ir aumentando hasta hacer ejercicio entre 30 y 60 minutos al menos cinco días a la semana.

## Consejos para mantener la motivación

Mantener la motivación en un plan de ejercicios puede ser difícil. Es posible que empiece con las mejores intenciones, pero después de unas pocas semanas, se agotará y no querrá continuar. Es mucho más fácil sentarse en el sofá y esperar que todo funcione como usted desea. Si bien conoce todas las buenas razones para levantarse y hacer algo de ejercicio, no es tan divertido, o al menos es más trabajo, que algunas de las otras cosas que podría querer hacer. Estos son algunos de los mejores consejos que puede utilizar y que le ayudarán a mantenerse motivado y a hacer un buen entrenamiento cada día.

Establezca algunos objetivos

Antes de ir al gimnasio, asegúrate de establecer algunos objetivos. Hágalos lo suficientemente exigentes como para que tenga que trabajar, pero lo suficientemente sencillos como para que pueda conseguirlos si se esfuerza. Por ejemplo, no es una buena idea decir que va a perder cinco kilos a la semana, pero decir que quiere perder dos kilos es razonable.

Escribe estos objetivos desde el principio. Pueden ser cualquier cosa que desee, siempre que le supongan un reto y le hagan trabajar para conseguirlo. Puedes decir que vas a perder una cierta cantidad de peso con el tiempo, ir por las medidas de tu cuerpo, o incluso puedes elegir ir por una cantidad específica de tiempo o repeticiones. Depende de ti, sólo asegúrate de que te diviertes y trabajas duro mientras estás en el gimnasio.

Llevar música

Subirse a la cinta de correr y mirar a la pared durante 30 o 60 minutos se va a volver aburrido rápidamente. Puede que lo disfrutes las primeras veces, pero después la actividad no será tan divertida y verás que tu motivación empieza a desaparecer. Por este motivo, debería considerar la posibilidad de llevar algo para hacer mientras hace ejercicio. Puede ser casi cualquier cosa. A muchas personas les gusta llevar su música favorita. Esto les permite tener algo divertido y optimista para escuchar mientras están haciendo ejercicio, además de conseguir que se animen y estén de buen humor para seguir adelante.

Haz una actividad que te guste

Sinceramente, no importa lo mucho que piense que una actividad le va a ayudar a perder peso, si no la disfruta, es menos probable que la mantenga y no va a perder peso. Encuentre algo que le guste hacer, como montar en bicicleta, nadar, levantar pesas, caminar, correr o incluso una clase en grupo, y hágalo. Aunque no queme tantas calorías como otra actividad, al menos se divertirá. Cuanto más te diviertas con una actividad, mejores resultados tendrás porque es más probable que sigas con ella.

Pruebe una nueva actividad

Siempre es bueno variar las cosas cuando se está en el gimnasio. Aunque te guste una actividad, puede que después de unos meses de hacerla siempre, te aburras de ella. Además, tu cuerpo se acostumbrará a una determinada actividad y no obtendrás los mismos resultados si sigues haciéndola. Encuentra algunas actividades que te gusten, o prueba algunas nuevas, y cámbialas de vez en cuando. Esto te permite hacer algo nuevo, seguir divirtiéndote y seguir viendo resultados, todo al mismo tiempo.

Encuentra un amigo

Para algunas personas, la forma de conseguir algo de motivación es encontrar un amigo que vaya a hacer ejercicio con ellos. Esta persona debe ser alguien que busque los mismos objetivos y que sea capaz de responsabilizarte de presentarte. Cuando haces los ejercicios por tu cuenta, es fácil decir que te pondrás a ello mañana y luego no vuelves a hacerlo. Por otro lado, cuando sabes que alguien te está esperando en el gimnasio, puedes sentirte un poco más obligado a presentarte. Una vez allí, es mejor que hagas un buen ejercicio ya que te has tomado la molestia. Esto significa que se ejercita mucho más a menudo de lo que lo haría por su cuenta, y los resultados serán mucho mejores.

Salir a la calle

No es necesario pasar todo el tiempo dentro del gimnasio. Cuando haga buen tiempo y tenga problemas para ir al gimnasio, ¿por qué no dar un buen paseo al aire libre? Esta es una de las mejores maneras de hacer ejercicio y puede ayudar a levantar el ánimo, ya que se obtiene un montón de aire fresco y la luz del sol.

Recompénsese a sí mismo

Cada vez que consigas alcanzar alguno de tus objetivos mientras haces ejercicio, deberías tomarte el tiempo para recompensarte. Esto te permite sentirte bien por el duro trabajo que estás haciendo e incluso te da algo que esperar. No debes dejar que el premio sea sobre la comida ya que estás tratando de perder peso y esto puede arruinar tus planes. Pero elegir salir una noche con amigos, ir a ver una película, comprar ropa nueva o regalarse un día de spa pueden ser grandes incentivos para seguir adelante.

Cada persona va a tener algunos de sus propios métodos a utilizar que les motivará para ver el éxito. Si bien puede ser difícil entrar en un buen programa de entrenamiento, es importante encontrar una manera de entrar en uno y seguirlo para su salud en general. Una vez que empieces y lo hagas bien durante unas semanas, se convertirá en una rutina y será mucho más fácil de hacer. Siga algunos de los consejos de este capítulo y verá lo fácil que puede ser hacer el ejercicio que necesita cada día.

## Los beneficios del ejercicio físico

Probablemente haya oído hablar de ello durante toda su vida. La gente te ha dicho que el ejercicio es importante y que debes asegurarte de hacer lo suficiente todos los días. Pero, ¿por qué es tan importante hacer ejercicio? ¿Por qué no puedes simplemente sentarte en el sofá y ver tu programa favorito en lugar de ir al gimnasio y tratar de hacer todo ese trabajo? Este capítulo va a dedicar un poco de tiempo a hablar de los beneficios que puede aportar el ejercicio y de por qué hay que hacer algo cada día.

Pérdida de peso

La primera razón por la que muchas personas eligen hacer ejercicio y trabajar es porque están buscando perder peso. Todos los planes de pérdida de peso y de dietas en el mundo explicarán lo importante que es entrar en un buen programa de ejercicios si realmente quieres perder peso. Mientras que la limitación de las calorías puede ayudar mucho, sólo es capaz de limitar los tanto y el ejercicio puede ayudar a recoger la holgura para que usted es capaz de perder más. Elija un ejercicio de intensidad moderada a alta para obtener los mejores resultados.

Salud del corazón

Para que realmente consigas un buen entrenamiento, tendrás que hacer que el corazón bombee y trabaje duro. Cuando el corazón funciona a este nivel, se hace más fuerte que nunca. Cuando te sientas en el sofá, el corazón apenas tiene que moverse para hacer llegar los nutrientes a todo el cuerpo, por lo que no se hace muy fuerte. Con un buen entrenamiento que te haga sudar y haga que el corazón se levante un poco, puedes trabajar en su fuerza y hacerte más fuerte en poco tiempo.

Funcionamiento del cerebro

Los estudios han demostrado que hacer algo de ejercicio durante la semana es fundamental si quieres que tu cerebro funcione como se supone que debe hacerlo. El ejercicio puede ayudar a aumentar el flujo de oxígeno y sangre al cerebro, lo que le permite trabajar de forma mucho más eficiente. Además, el ejercicio puede ayudar a mejorar la memoria. Esto es importante para aquellos que están envejeciendo y necesitan un poco de ayuda para recordar eventos y hechos importantes. Por supuesto, usted puede ser capaz de encontrar una gran cantidad de beneficios de esto como una persona más joven, así cuando se ejercita justo antes de una prueba y son más capaces de recordar los hechos que se aprende.

Estrés

El estrés es una parte diaria de la vida para la mayoría de las personas y no hay mucho que puedan hacer para conseguir que desaparezca. Pero hay algunas cosas que puedes hacer para reducir la cantidad de estrés que estás sintiendo y para conseguir verte y sentirte mejor con el estrés. Cada vez que el estrés está empezando a ser demasiado para usted, ir y hacer una carrera rápida o el pop en su trabajo favorito de la película. Esto le permitirá tomar un descanso de la tensión que está sintiendo y puede volver mejor a la pista con otras cosas.

Colesterol

El colesterol alto es un problema enorme que mucha gente está tratando con debido a la dieta alta de la grasa encontrada en este país. Cuando usted consigue en un buen programa del entrenamiento, usted puede ayudar a reducir la cantidad de colesterol malo que esté en la sangre mientras que también aumenta la clase de bueno que está allí.

Presión arterial

Cuando se lleva una dieta rica en sodio, o cuando se está sentado en el sofá todo el día y no se realiza algún tipo de actividad física, es fácil que se tenga la tensión alta. Una de las primeras cosas que el médico le va a recomendar que haga es salir y empezar a hacer ejercicio al menos cinco días a la semana. Esto permitirá que el corazón funcione correctamente, que tu colesterol baje y que tu cuerpo pueda reducir mejor las sales que hay. Todo esto se combina para permitir que su presión arterial baje.

Diabetes

Incluso los síntomas de la diabetes pueden controlarse mejor cuando se sigue un buen programa de ejercicios. Usted encontrará que el cuerpo es capaz de metabolizar los azúcares que usted está consumiendo mucho mejor cuando usted está en este tipo de programa. Además, es menos probable que tenga antojos de alimentos poco saludables y azucarados, por lo que su insulina no estará bajo tanto estrés. Si usted sufre de diabetes o prediabetes, es mejor si usted es capaz de conseguir en un buen programa de entrenamiento tan pronto como sea posible.

Estado de ánimo

Tu estado de ánimo puede verse influido por la cantidad de ejercicio que hagas. Las personas que están deprimidas y decaídas la mayor parte del tiempo son las que rara vez o nunca salen a hacer un buen ejercicio. Piénsalo de esta manera, las pocas veces que has ido al gimnasio y has hecho un buen ejercicio, ¿cómo te has sentido? La mayoría de la gente dirá que se sintió bien y que estaba feliz y en una pequeña nube para el resto del día. Pues bien, si se somete a un buen programa de ejercicios, podrá sentirse así todo el tiempo. En general, tu estado de ánimo empezará a mejorar. Si usted tiene depresión, puede ser capaz de curarla con un buen programa de ejercicios. Incluso si no sufre un trastorno del estado de ánimo, puede beneficiarse de la mejora del estado de ánimo que supone un buen programa de ejercicios.

Digestión

Para muchos de los que sufren de problemas con sus tractos digestivos, un buen programa de ejercicio es capaz de ayudar con esto. Usted debe conseguir en por lo menos cinco días de la actividad moderada por 30 minutos en cada día para ver algunas de estas grandes ventajas en su sistema digestivo en ninguna hora.

Confianza en sí mismo

Para muchos, la forma en que se ven y se sienten puede determinar la confianza que tienen en sí mismos. Cuando empiezan a hacer un programa de ejercicios y comienzan a perder peso, además de obtener todos los grandes beneficios para la salud que se enumeran más arriba, se van a sentir un poco mejor y usted notará un gran aumento en la cantidad de confianza en sí mismos que están sintiendo. Comenzará a gustarle su aspecto y querrá lucirlo. Sólo unos minutos de ejercicio al día pueden hacer que esto se convierta en una realidad.

## **Conclusión:**

Si está tratando de añadir más plantas a su dieta omnívora o pescatariana o está tratando de considerar una paleta de plantas más densas en nutrientes en una dieta vegetariana o vegana, trate de incorporar más alimentos enteros y productos crudos, que no hayan sido desnaturalizados por el calor y la temperatura. He aquí algunas formas de empezar:

- Mezcla más verduras en sopas, guisos y currys o añádelas con fruta para un batido de desayuno o un tentempié saludable.

- Añade 1 ó 2 verduras más a tus sándwiches, salteados y platos de pasta o prepara una ensalada de jardín como acompañamiento de tus comidas principales.

- Opta por la fruta fresca con mantequilla de frutos secos, como la de almendras o la de cacahuete, que aporta el número completo de macronutrientes como tentempié para llevar a cabo durante el día como impulso energético.

- Opte por un zumo de frutas y/o verduras prensadas en frío con al menos 3 ingredientes diferentes en lugar de una taza de café o cafeína

- Añadir más verduras a su desayuno a primera hora de la mañana, como espinacas, tomates y champiñones a una tortilla o revuelto, le ayudará a obtener fácilmente más plantas a primera hora del día.

Es importante tener en cuenta que las altas temperaturas de cocción y el procesamiento excesivo de muchas verduras y frutas pueden desnaturalizar y eliminar los beneficios para la salud de su perfil de nutrientes. Una vez a la semana, pruebe una dieta cruda en la que incorpore al menos una comida o un zumo con todas las verduras y frutas crudas. Las ensaladas en espiral, los palitos de verduras frescas, las ensaladas de frutas frescas y los zumos prensados en frío pueden permitirle incorporar más frutas y verduras sin sacrificar texturas, sabores, vitaminas y minerales. Tenga en cuenta que no todas las verduras pueden consumirse crudas: las que contienen almidones, como las patatas, la mayoría de las variedades de calabaza, la batata y el taro, no pueden consumirse crudas, ya que el intestino no puede descomponer los almidones pesados. Muchas verduras de hoja verde pueden consumirse crudas, como las espinacas, la col rizada y la rúcula, pero otras, como las acelgas, las hojas de mostaza y el brócoli, pueden tener un sabor menos amargo si se fríen o hierven. Tenga en cuenta que el volumen de las verduras también disminuye cuando se hierven, por lo que puede parecer que necesita consumir más verduras cocidas para sentirse más lleno. La mayoría de las legumbres son muy poco digeribles sin cocinarlas. Sin embargo, puede optar por germinar muchas semillas de legumbres como las de girasol, las judías mungo, las de rábano y las de brócoli. Éstas pueden usarse para adornar ensaladas y sopas con muchos beneficios para la salud y propiedades antiinflamatorias. Si alguna vez tiene antojo de productos animales, busque estas alternativas saludables basadas en plantas:

- Levadura nutricional en lugar de queso parmesano

- Tocino de coco en lugar de tocino de cerdo

- Tofu extra firme en lugar de pechugas de pollo

- Coliflor asada en lugar de alitas de pollo

- Salsa de anacardos en lugar de queso crema

- Batido de coco en lugar de nata montada

- Tapones de champiñones Portobello en lugar de filete de ternera

La levadura nutricional tiene una textura de nuez, pero no contiene ningún subproducto lácteo. Tampoco es un producto de levadura tradicional que se utilice en la repostería o en la elaboración de cerveza, ya que está destinado a ser consumido como producto alimenticio. Busque la levadura nutricional fortificada, a la que se añaden vitaminas en el proceso de fabricación. Una cucharada de levadura nutricional contiene los nueve aminoácidos esenciales como proteína completa necesaria para el consumo humano. También contiene muchas vitaminas del grupo B y minerales como el selenio, el zinc y el manganeso. La levadura nutricional es muy beneficiosa para la salud intestinal, ya que combate la inflamación en los intestinos y elimina las toxinas de ciertos productos alimenticios.

El tocino de coco no contiene ningún subproducto cárnico, pero es una alternativa crujiente al tocino de cerdo, muy procesado y graso. Se elabora secando trozos de pulpa de coco. Sigue teniendo un alto contenido en fibra y proteínas, pero también contiene grasas poliinsaturadas y monosaturadas que ayudan a aumentar el colesterol bueno HDL, a diferencia del tocino de cerdo, que contiene muchas grasas saturadas y puede aumentar el colesterol malo LDL.

El tofu extrafuerte puede soportar altas temperaturas de cocción o puede consumirse crudo después de la fermentación. Se puede desmenuzar o cortar en filetes y ofrece una textura masticable con un perfil proteico elevado, comparable al de las pechugas de pollo. También tiene un sabor neutro y puede absorber la humedad y diferentes condimentos y líquidos para mejorar su perfil de sabor.

La coliflor se ha utilizado habitualmente para sustituir a las alitas de pollo en los menús de los restaurantes. La textura de la coliflor, cuando se asa, es ligeramente de nuez y muy crujiente por fuera, mientras que el interior tiende a ser suave y masticable como las alas de pollo. La coliflor tiene un perfil muy denso en nutrientes, con una gran cantidad de proteínas, fibra, vitamina C y vitamina K, que ayuda a la circulación sanguínea y al sistema inmunitario. Como su sabor es tan neutro, puede tomar muchas salsas, condimentos y aderezos - ¡puede usar sus condimentos favoritos para las alitas de pollo como lo haría para la coliflor!

La salsa de anacardos tiene una consistencia sorprendentemente cremosa debido a su alto contenido en grasas saludables. Utilizando una proporción de volumen de 1:3, anacardos por agua, puedes remojar los anacardos durante la noche y mezclarlos para crear esta versátil salsa sin lácteos, ¡sin aditivos ni estabilizadores! Se puede utilizar tanto para postres como para platos salados y se puede guardar en la nevera durante unas semanas. Puedes añadir cualquier cosa, desde pimentón, curry en polvo, comino, cúrcuma o chile en polvo para dar sabor a esta salsa. El batido de coco se hace con leche de coco, mezclada a fuego alto durante unos minutos para que la consistencia líquida se espese. Puede optar por endulzar el batido de coco con sirope de arce y nuez moscada. Tiene una textura muy cremosa sin sacrificar ninguno de sus beneficios para la salud, como el aporte de vitamina E y fibra. Se puede añadir a los bocadillos de fruta y a los postres, en lugar de la nata montada artificial que tiene un alto contenido en grasas trans. Los champiñones Portobello son muy sabrosos con un perfil terroso y umami, que es como la carne sin ningún subproducto animal. Es denso y tiene la capacidad de retener una gran cantidad de sabores, salsas y condimentos que se le añaden. Se puede hornear, saltear o hervir en sopas y añadirá una rica textura. Tiene muchos minerales diferentes, como el selenio, el cobre y las vitaminas del grupo B, que aportan muchos beneficios antiinflamatorios.

minutos para que la consistencia líquida se espese. Puede optar por endulzar el batido de coco con sirope de arce y nuez moscada. Tiene una textura muy cremosa sin sacrificar ninguno de sus beneficios para la salud, como el aporte de vitamina E y fibra. Se puede añadir a los bocadillos de fruta y a los postres, en lugar de la nata montada artificial que tiene un alto contenido en grasas trans. Los champiñones Portobello son muy sabrosos con un perfil terroso y umami, que es como la carne sin ningún subproducto animal. Es denso y tiene la capacidad de retener una gran cantidad de sabores, salsas y condimentos que se le añaden. Se puede hornear, saltear o hervir en sopas y añadirá una rica textura. Tiene muchos minerales diferentes, como el selenio, el cobre y las vitaminas del grupo B, que aportan muchos beneficios antiinflamatorios.